ATRIUM

GEORG KREISLER

Anfänge

EINE LITERARISCHE VERMUTUNG

Atrium Verlag, Zürich

Inhaltsverzeichnis

Anfänge

Der Kriminalroman *Überraschung auf Capri*
fing so an:

Der Auftrag, Rechtsanwalt Dr. Peter Hofböck zu töten, lag vor
ihm. Privatdetektiv Stefan Merkbruder schüttelte den Kopf. Er
wusste natürlich, was dahintersteckte: Zwei Politiker, Gemein-
deratsabgeordnete, also ganz unwichtige Menschen, prozessier-
ten gegeneinander, und einer wurde von Rechtsanwalt Hofböck
vertreten.

Merkbruder hatte den bestellten Mord vorläufig verschoben,
weil er sich nicht sicher fühlte. Das Opfer auf der Straße zu erschießen, ging nicht mehr, er war alt geworden und konnte nicht
schnell genug davonlaufen. Auch aus dem Auto zu schießen, war
zu riskant. Schon beim vorletzten Mal hatte ihn Polizeiinspektor
Grimmatschek gewarnt: »Wenn du dich nicht flinker aus dem
Staub machst, müssen wir dich beim nächsten Mal erwischen«,
hatte er gesagt. Außerdem war Rechtsanwalt Hofböck Merk-
bruders Freund und tat ihm leid. Gut, Geschäft ist Geschäft, und
man muss auch Freunde um die Ecke bringen, wenn deren Zeit
gekommen ist.

Also hatte er beschlossen zu warten, bis Hofböcks Frau allein
in den Urlaub gefahren war, wie jedes Jahr um diese Zeit, und
wollte ihn erst dann in seiner Wohnung besuchen und gemütlich
erschießen. Da konnte er sich Zeit lassen, ihn vielleicht auch
stattdessen erwürgen oder sonst wie abmurksen, Hofböck ist ein
abgelebter Mensch, dachte er, es ist nicht schade um ihn. Um wen
ist es schon schade?

So war es Sommer geworden, und er hatte sich mit Hofböck
in dessen Wohnung verabredet. Pünktlich um fünfzehn Uhr war
er vor Ort und keineswegs überrascht, dass die Wohnungstür

offen stand. Hofböck war schon immer ein wenig schlampig gewesen. »Peter!«, rief er. »Ich bin schon da.«

Im Wohnzimmer war niemand, also ging er vorsichtig ins Schlafzimmer, und dort fand er dann Hofböck: Er lag tot in einer Blutlache. »Da kann ich mir ja die Arbeit ersparen«, murmelte Merkbruder und sah sich professionell um. Wenn ich die Polizei verständige, dachte er, halten sie mich für den Mörder. Aber das werden sie sowieso. Sorgfältig entfernte er die Spuren von den Türklinken und verließ das Haus. Dass ihn jemand gesehen hatte, schien unwahrscheinlich –

Ein Lied für eine Chansonette fing so an:

Was bist du?

So gegen drei, als die Nachtigallen schlafen gingen,
wir wachten auf, und der Mond zog seine Bahn.
Da gibt es Liebespaare, die einander Lieder singen –
wo ist die Zeit? Ach, verloren und vertan.
Du sahst mich an, als hättest du die Gicht.
Und ich sah dich, als sähe ich dich nicht.

Bismarck war ein Übeltäter,
Hindenburg war klüger,
Metternich ein Leisetreter,
Marx war ein Filou,
Kaiser Franz ein Seifensieder,
Stalin ein Betrüger.
Und ich frag mich immer wieder:
Was, oh, was bist du?

Sag, weißt du noch, als wir einander kennenlernten,
da stand die Sonne still, die Welt war ein Orkan,
und dann die Nächte, am schönsten war'n die unbesternten,
da warst du Lohengrin und ich dein lieber Schwan.
Jetzt bist du Falstaff und ich dein Sekretär.
Und deine Zauberflöte spielt schon lang nicht mehr.

Goethe war ein Possenreißer,
Mozart ein Genieblitz,
Hölderlin ein Hosenscheißer,
Nietzsche ein –

Der Brief eines Autors an den Verleger
Martin Kläffer fing so an:

Sehr geehrter Herr Dr. Kläffer,

Sie haben mein Romanmanuskript abgelehnt, ohne es gelesen zu haben. Denn hätten Sie es gelesen, wäre Ihnen bestimmt aufgefallen, dass Sie darin vorkommen. Der Verleger Hans Huckauf, der eine wesentliche Rolle in meinem Roman spielt, der sind Sie, wie Sie leiben und leben.

Dieser Hans Huckauf in meinem Roman ist eine widerliche Person. Er betrügt seine Frau, ignoriert seinen Sohn, quält seine Angestellten, Manuskripte liest er prinzipiell nicht, er druckt nur Bücher, die er nicht vorher lesen muss, Bücher von Politikergattinnen, Fernsehstars oder Literaturkritikern, also von Leuten, die nicht schreiben können, deren Bücher sich aber trotzdem gut verkaufen, weil die Käufer neugierig sind. Gelegentlich akzeptiert er auch Manuskripte von Journalistinnen, die mit ihm geschlafen haben, versucht aber die Publikation hinauszuschieben, um die Willfährigkeit der jeweiligen Autorin zu verlängern.

Das alles sind Sie, und wenn Sie meinen Roman gelesen hätten, hätten Sie sich in dieser Person des Hans Huckauf zweifelsohne wiedererkannt, hätten mein Manuskript angenommen, mir einen Vorschuss bezahlt und Änderungen verlangt. Da Sie das nicht getan haben, bleibt mir nichts anderes übrig, als den Roman anderen Verlegern anzubieten, die dann ihrerseits die Ähnlichkeit zwischen Ihnen und meiner fiktiven Person Hans Huckauf bemerken werden. Ich hoffe, dass einer dieser anderen Verleger meinen Roman dann drucken wird, wenn auch nur, um Sie zu ärgern.

Vielleicht stört Sie das nicht weiter, denn Sie könnten ja notfalls zu Gericht gehen und das Verbot des Buches sowie Schadenersatz verlangen. Andererseits könnte gerade das ein Rückschlag für Sie sein, denn solche Gerichtsverfahren ziehen sich bekanntlich in die Länge, kommen in die Tageszeitungen, und dadurch würden weite Kreise, die meinen Roman gar nicht gelesen haben, auf Ihre Charakterschwächen aufmerksam werden. Die würden dann denken: Wenn er selbst zugibt, so mies zu sein wie dieser Hans Huckauf im Roman, warum klagt er dann? Da geschieht ihm doch recht.

Außerdem ist es fraglich, ob Sie überhaupt mit so einer Klage Erfolg hätten, denn ich könnte ja einen anderen Verleger gemeint haben. Miese Verleger gibt es wie Sand am Meer. Dann müssten Sie abziehen, hätten nichts als Unannehmlichkeiten und –

Der Familienroman, betitelt *Die Insel*, fing so an:

Knut, der Neffe des Großindustriellen Eberhard Lehmann, hatte bewusst die Einsamkeit gesucht, um gründlich über seine Hochzeit im kommenden Mai nachzudenken. Nichts sprach gegen Klara, im Gegenteil, die gesamte Verwandtschaft, ja sogar die höheren Angestellten seines Onkels hatten einen kollektiven Seufzer der Erleichterung von sich gegeben, als sie erfahren hatten, dass Knut seinen leichtsinnigen Lebenswandel aufgeben und sich ins bürgerliche Leben zurückziehen wollte. Nur Gudrun und Bruno waren etwas skeptisch, aber jeder wusste, dass das in ihrer Natur lag. Gudrun und Bruno waren schwierige Seelen, die sich jeder Neuerung in ihrem kleinen Frischblumenbetrieb widersetzten.

Ja, und nun Klara: Da musste man zuerst versuchen, ihre Tante Helene zu verstehen, bei der Klara aufgewachsen war. Sie war die vierte Tochter ihrer Eltern Elisabeth und Benedikt Schumacher. Diese hatten sechs Töchter gehabt, bevor das siebente Kind ein Junge namens David war. Nach der dritten Tochter, Katharina, war Elisabeth einem Nervenzusammenbruch nahe gewesen, und dann war Klara geboren worden. Da mussten sie sie einfach zu Benedikts Schwester Helene geben, die kinderlos geblieben war.

Diese Tante Helene war selbst eine vierte Tochter und überdies eine sonderbare Person: Zuerst wollte sie Ärztin werden, doch als die medizinische Fakultät der Billroth Universität, die sogar der berühmte Onkel Robert besucht hatte, sie ablehnte, war sie bereit, Krankenschwester zu werden. Kaum hatte sie jedoch erfahren, wie schlecht Krankenschwestern entlohnt wurden und wie hart sie arbeiten mussten, sattelte sie auf technische

Zeichnerin um. Ihrer Freundin Ella zuliebe nahm sie gleichzeitig Klavierunterricht und brachte es in erstaunlich kurzer Zeit zu großer Fingerfertigkeit auf diesem Instrument, sodass einer Karriere als internationale Klaviervirtuosin nichts im Wege gestanden wäre, wenn Ella nicht zur gleichen Zeit geheiratet hätte. Nun wollte Tante Helene auch heiraten und schwor, das Klavier erst nach der Hochzeitsreise wieder anzurühren.

Der erwählte Bräutigam hieß Hubert Mövenreiter und war Droschkenkutscher, allerdings nur im Sommer, im Winter war er Stallbursche. Das war natürlich nicht standesgemäß, und die ganze Familie hatte sich empört. Ihre Eltern, Gustav und Inge Grünfellner, wollten sie enterben, ihr älterer Bruder Joachim wandte sich von ihr ab und verließ das Zimmer, sobald sie eintrat, und ihre jüngere Schwester Sophie weinte sich die Augen aus. Also gab Tante Helene nach, blieb allein und Hubert Mövenreiter stürzte sich von einem hohen Felsen in die Ostsee und war tot. Damit musste die Familie nun leben, vor allem Tante Helene.

Als nun Klaras Eltern so verzweifelt waren, weil Klara ein Mädchen war, nahm Tante Helene sie an Kindes statt an. Durch ihre Vergangenheit war sie jedoch so frustriert, dass sie keinen Mann in Klaras Nähe ließ. Erst mit sechs Jahren in der Schule entdeckte Klara, dass es so etwas wie Männer gab, und auch dann redete Tante Helene ihr ein, dass Männer in der Natur nur selten vorkämen und dass die meisten eigentlich verkleidete Frauen seien. Als ihr Vater das erfuhr, versuchte er zwar, dem entgegenzuwirken, und nahm sie zu Sportvereinen, Männerchören oder seinem Klassentreffen mit, aber für Klara war das bereits, als führte man sie in einen Zoo, bis sie mit siebzehn Jahren auf Knut stieß, der dann ihr Bräutigam wurde.

Und jetzt überlegte Knut, ob er sie wirklich heiraten sollte. Was würden Arnulf und Frieda sagen, mit denen er seine Kind-

heit verbracht hatte? Was würden Leopold, sein Cousin, und
Ernestine, seine Cousine, denken? Würden sie ein scheues Reh
wie Klara akzeptieren? Was würden Edmund und Heide sagen?
Und Albert und Gisela? Und Walter und Helga? Und –

Der Brief des jungen Regisseurs an den Theaterintendanten fing so an:

Das Theaterstück *Hamlet, Prinz von Dänemark* von William Shakespeare ist etwa vierhundert Jahre alt und nicht mehr spielbar. Es setzt voraus, dass Hamlets Vater ermordet wurde und jetzt als Gespenst erscheint, wobei der Autor jeglichen Beweis für den Mord schuldig bleibt, und am Schluss gibt es noch sechs weitere Tote. Dadurch verliert das Stück an Glaubwürdigkeit.

Trotzdem ist es ratsam, das Stück gelegentlich auf den Spielplan zu setzen, denn es ist beliebt geblieben, und der Autor ist noch heute einigermaßen bekannt. Außerdem ist es urheberrechtlich nicht mehr geschützt, sodass man es gefahrlos in die heutige Zeit übertragen und den Gegenwartsbezug, den das Stück gelegentlich noch aufweist, dem Publikum einsichtig machen kann.

In meiner Bearbeitung, für die ich lediglich fünf Prozent Tantiemen beanspruche, ist Hamlet nicht Prinz von Dänemark, sondern er heißt Hamlet Prinz und ist ein junger Sportpromoter, der sich mit seinen Eltern, Helmuth und Gertrude Prinz, sowie seiner Freundin Ophelia auf einem kurzen Urlaub in einer ländlichen Gegend, Österreich oder Schweiz, befindet. Das Stück beginnt damit, dass wir Hamlet und Ophelia bei einem leidenschaftlichen Geschlechtsverkehr sehen, der durch die Ankunft von Hamlets Eltern unterbrochen wird.

Im Fitness-Studio des Hotels lernt Hamlet den Bankdirektor Konrad König sowie zwei schwule Unternehmer namens Rosenkranz und Güldenstern kennen. Die übrigen Personen in der Fassung von Shakespeare, Polonius, Horatio, Laertes und Bernardo, habe ich gestrichen, da ihre Dialogzeilen leicht von den anderen Darstellern, insbesondere von der turnenden Ophelia, übernommen werden können. Letztere müsste mit einer attraktiven Schauspielerin besetzt werden.

Während sich nun Hamlets Vater mit Bankdirektor König anfreundet, wird dieser von Hamlet sofort durchschaut. König versucht nämlich, dem leichtgläubigen Vater diverse Aktienkäufe einzureden, und flirtet dabei schamlos mit Hamlets Mutter. Hamlet beschließt daher, ihm das Handwerk zu legen und ihn vor aller Welt gründlich zu blamieren.

In der Fassung von Shakespeare engagiert Hamlet eine Schauspieltruppe, die seinen Eltern ein beziehungsreiches Theaterstück vorspielt, aber nach heutigen Begriffen wäre eine solche Schauspieltruppe viel zu teuer. Ich löse dieses Problem, indem in meiner Bearbeitung alle ins hoteleigene Kino gehen. Ich habe einen Film aus den Dreißigerjahren des vergangenen Jahrhunderts ausfindig gemacht, in dem eine ähnliche Situation vorkommt: Ein Bankdirektor flirtet mit der Frau eines potenziellen Aktionärs. Es ist ein Film mit Emil Jannings, Heinz Rühmann, Hans Albers, Magda Schneider, Hansi Niese, Luise Ullrich und –

Eine Sittenlehre, aufgefunden bei einem verstorbenen Pfarrer aus Altötting, die jetzt neu bearbeitet und modernisiert werden soll, fing so an:

Die Untätigkeit des Zeugungsorgans eines Mannes vor der Ehe hat für Frauen keine weitere Bedeutung, birgt aber beträchtliche Gefahren für die männliche Bevölkerung. Schon Hippokrates stellte bei Männern, die sich des Geschlechtsverkehrs enthalten haben, bleiche Gesichtsfarbe, rohe Gemütsstimmung, Lässigkeit der Harnausführung und Schweißabsonderung fest. Entgegen dem allgemeinen Glauben führt dann auch Onanie nicht weiter, sondern im Gegenteil, fördert die obigen Symptome.

Was aber tun, wenn ein junger Mann, der sich richtigerweise sowohl der Abstinenz vor der Ehe befleißigt wie sich auch der Onanie enthält, sich nun mit feilen Dirnen abgibt? Leider muss man auch davon strengstens abraten, denn wer einmal diesen Weg eingeschlagen hat, erliegt leicht der Illusion, dass er straflos so weitermachen könne – sogar nach der Eheschließung. Auch die Ehe ist nämlich kein sicheres Mittel gegen die tierischen Triebe, die durch dieses Laster erweckt worden sind.

Grundsätzlich hilft nur Folgendes: Frisches und gesundes Leben mit ausreichender Körperanstrengung, nahrhafte Kost unter Vermeidung aufregender Genussmittel, ein möglichst hartes Bett ohne Kissen, frühzeitiges Aufstehen und mehrmals täglich kalte Abwaschungen. Hilfreich ist ferner die Ablenkung der Fantasie durch die Beschäftigung mit praktischen und wissenschaftlichen Tätigkeiten. Zu bemerken wäre, dass gelegentliche unfreiwillige nächtliche Samenergüsse natürliche Vorgänge sind, deretwegen man sich nicht zu beunruhigen braucht. Die Natur stellt das Gleichgewicht bald wieder her.

Natürlich kann man jederzeit einen Arzt oder einen Seelsorger kontaktieren, hüte sich dabei aber vor jener schweren Verirrung des Geschlechtstriebes, die man Päderastie oder Homosexualität nennt. Es ist zwar erwiesen, dass sich die alten Griechen diesem Laster hingaben, aber die Folgen, die bei dieser Geistesstörung im Laufe der Zeit eintreten, werden nur selten erwähnt: Epilepsie, Altersschwachsinn, ja sogar totaler Irrsinn, der letzten Endes eine gewaltsame Überführung in ein Irrenhaus mit sich bringen kann. Dort mag der Gestrauchelte dann andere Wüstlinge finden, die sich der Päderastie hingeben, was bisweilen von den Wärtern sogar als Erleichterung ihrer Arbeit empfunden und dementsprechend geduldet wird.

Die Geschichte beweist deutlich, dass ein perverses Geschlechtsleben zum Untergang eines ganzen Volkes führen kann, wie beispielsweise bei den alten Griechen, denen –

Das absurde Theaterstück *Der bodenlose Gerichtshof* fing so an:

ALBRECHT und KLOTILDE sitzen auf einer Couch und blicken starr ins Publikum. Hinter ihnen gehen LOTHAR und FRANZISKA auf und ab und nehmen gelegentlich ein Buch zur Hand. Sie lesen darin, geben es einander weiter etc.

ALBRECHT *(spricht ins Publikum)*: Wenn die Nashörner aber doch –

KLOTILDE *(ebenso)*: Die Nashörner kommen nicht.

ALBRECHT: Sie waren im April hier.

KLOTILDE: Ein einziges war hier.

ALBRECHT: Du kennst sie nicht. Sie springen herein –

KLOTILDE: Nashörner können nicht springen, sie sind zu fett. Sie können nicht springen, nicht schwimmen, nicht rennen, nicht klettern. Sie fressen sich von einem Trog zum nächsten, und dann schlafen sie ein.

ALBRECHT: Du unterschätzt sie.

KLOTILDE: Du überschätzt sie.

LOTHAR *(hinten, zu Franziska)*: Du musst es falsch gelesen haben.

FRANZISKA *(mit dem Buch)*: Du glaubst mir nie etwas, da kann ich sagen, was ich will. *(Sie wirft das Buch auf den Boden.)*

LOTHAR *(hebt das Buch auf)*: Zeig mir die Stelle!

FRANZISKA: Es nützt nichts. Ich zeig dir die Stelle, und du glaubst mir nicht. Behalt das Buch und lies es! Lies es zwei, drei Mal und vergiss nicht: Es kommt nicht darauf an, was du liest, es kommt darauf an, was du empfindest. Wenn du es richtig empfindest, wirst du es richtig lesen.

LOTHAR: Dass wir immer streiten müssen!

ALBRECHT: Dass wir immer streiten müssen!

BEIDE FRAUEN: Dass wir immer streiten müssen!

ALBRECHT *(steht auf und geht zu Franziska)*: Wir müssen nicht streiten, ich bin völlig deiner Meinung.

FRANZISKA: Das sagst du immer, und dann tust du das Gegenteil.

LOTHAR *(setzt sich zu Klotilde und starrt ins Publikum)*: Aha!

ALBRECHT *(nimmt Lothar das Buch weg)*: Schau, in diesem Buch steht es genau. Ich zeig dir die Stelle. *(Sie blättern im Buch.)*

KLOTILDE: Er hat Angst vor den Nashörnern.

LOTHAR: Welchen Nashörnern?

KLOTILDE: Irgendwelchen Nashörnern. Ich kenn die verschiedenen Rassen nicht.

LOTHAR: Aber wie kommt er auf Nashörner?

KLOTILDE: Das musst du ihn fragen.

LOTHAR: Ich werde mich hüten. Da frag ich lieber Franziska.

KLOTILDE: Dann frag Franziska!

LOTHAR: Du meinst, es ist egal, ob ich Franziska frage oder Albrecht?

KLOTILDE: Natürlich. Nashörner bleiben Nashörner.

LOTHAR: Verzeih! Das hab ich nicht gewusst.

KLOTILDE *(warm)*: Gut, ich verzeih dir, aber mach es bitte nicht noch einmal. *(Sie umarmen und küssen einander.)*

ALBRECHT: Hast du die Stelle noch immer nicht gefunden?

FRANZISKA: Nein! Und ich hab auch nicht die Absicht, sie zu finden.

ALBRECHT: Gib's doch zu! Ich geb es ja auch zu.

FRANZISKA: Ich glaub dir nicht, basta!

ALBRECHT: Früher war das alles so selbstverständlich.

FRANZISKA: Ja, früher! *(Sie wendet ihm den Rücken zu.)*

KLOTILDE *(wendet sich von Lothar ab und steht auf)*: Na, schön! Wenn du nicht willst, kann ich auch anders!

(Klotilde geht zu Franziska, Albrecht setzt sich mit dem Buch zu Lothar.)

KLOTILDE *(zu Franziska)*: Er kommt bestimmt zurück.

FRANZISKA: Er denkt nicht dran. Hast du nicht das Buch gelesen?

KLOTILDE: Welches Buch?

FRANZISKA: Ja, weißt du denn nicht?

KLOTILDE: Was soll ich wissen? *(Franziska flüstert ihr ins Ohr.)*

ALBRECHT *(zu Lothar)*: In diesem Buch steht alles.

LOTHAR: Ich glaub dir ja, aber was soll ich machen?

ALBRECHT: Gar nichts. Das renkt sich selber ein.

(Ein Butler tritt auf.)

BUTLER: Dinner is served.

ALLE: Dinner?

Der Anfang eines Gesprächs mit dem Dichter Erich Kästner:

Herr Kästner, als ich acht oder neun Jahre alt war, habe ich Ihre Kinderbücher verschlungen. Ihr Buch *Emil und die Detektive*, zum Beispiel, geht auf eine wahre Begebenheit zurück. Wie ist es Ihnen gelungen, das Buch noch viel spannender zu machen als die Begebenheit?

Kästner schweigt.

Herr Kästner, Ihre Romane für Erwachsene, Ihre Gedichte sind heute genauso aktuell und aufregend wie in den Zwanzigerjahren, als Sie sie schrieben. Wie haben Sie das geschafft?

Kästner schweigt.

Herr Kästner, im Jahr 1934 haben Sie auf der Straße zugesehen, wie Ihre Bücher öffentlich verbrannt wurden. Was haben Sie sich dabei gedacht?

Kästner schweigt.

Herr Kästner, Sie sind eine geheimnisumwitterte Person, und ich versuche, Ihre Geheimnisse ein wenig zu lüften. Unter Hitler sind Sie in die Innere Emigration gegangen. Warum sind Sie nicht ausgewandert wie viele andere?

Kästner schweigt.

Herr Kästner, warum antworten Sie mir nicht?

Kästner: Weil ich tot bin.

Ein Haiku fing so an und endete auch so:

Ein schöner Vogel
aber wo ist er jetzt hin
er war ein Schöner

Eine Nationalhymne fing so an:

Du großes Land, du Heimat voller Blüte,
du meine Jugend, meines Lebens Sinn,
wenn ich dich lassen müsste, Gott behüte,
ich gäbe alles, alles für dich hin.
Ihr, meine Berge, meine stolzen Fahnen,
ihr grünen Wälder, Flüsse ohne Zahl,
ich bleib dir treu, du Erbe meiner Ahnen,
für dich zu sterben –

Eine homöopathische Quellenangabe aus der
Schweiz fing so an:

Rumex Alpinus: Schon in den Notizen diverser Landärzte aus
dem 19. Jh., vornehmlich in den Briefen an seinen Sohn, den
Landarzt Urs Blegger aus St. Gallen, wird der Alpen-Ampfer
bzw. Mönchsrhabarber erwähnt. Er nennt ihn Alpblogge, wobei
nicht vergessen werden darf, dass dieselbe Pflanze, also *rumex
alpinus*, gerade in der Schweiz verschiedentlich bezeichnet wird.
In Graubünden spricht man von Blacke oder Blackte, in Bern
von Chille. Noch verwirrender ist die Bezeichnung des Mönchs-
rhabarbers in Österreich, so heißt er in Kärnten Sauplotschen,
in Niederösterreich Strupfablötschen, in Tirol Butterplätschen
oder Schmalzplätschen.

Auf keinen Fall darf der *rumex alpinus* mit dem weitaus ge-
bräuchlicheren *rumex obtusifolius*, also dem stumpfblätterigen
Ampfer, verwechselt werden. Wie aus den Briefen des ober-
wähnten oben erwähnten Urs Blegger hervorgeht, heißt dieser
in St. Gallen Blutze oder Blotzblätter und in Deutschland wieder
anders. So spricht man auf der Schwäbischen Alb vom Wilden
Tobak, in Bremen von Rooden Hinnerk, in Göttingen von Rad
Henrek, in Ostfriesland von Halbross oder alts Ross. Es wird
also zweckdienlich sein, bei den lateinischen Bezeichnungen zu
bleiben.

Noch häufiger ist die Verwechslung mit dem *rumex acetosa*
oder Großer Sauerampfer, der im Kanton Aargau Hampfelisur
oder Surisenf, in Nordostböhmen Haderlump, in Westfalen
Sürlink, in Ostfriesland Roode Ridder und in Oberösterreich
sogar Gugotzakraut genannt wird. Es versteht sich von selbst,
dass –

Das Gespräch eines berühmten Autors mit einem
Briefträger fing so an:

BRIEFTRÄGER: Entschuldigen Sie, ich seh gerade, wie Sie die Post
aus Ihrem Briefkasten nehmen.

AUTOR: Ja?

BRIEFTRÄGER: Ich wollte Sie nur was fragen. Es ist – Sie müssen
entschuldigen – vor ein paar Tagen – ich darf natürlich
die Briefe, die ich Ihnen in den Postkasten lege, nicht
lesen – aber ich hab ganz zufällig die Absenderin
gesehen. Das war Gerda Schroebner.

AUTOR: Ja, die Schlagersängerin. Ich erinnere mich.

BRIEFTRÄGER: Genau! Ich hab sie im Fernsehen gesehen – und
meine kleine Tochter auch.

AUTOR: Ja, sie wollte ein Autogramm von mir.

BRIEFTRÄGER: Und hat sie Ihnen eines geschickt?

AUTOR: Sie missverstehen – ich wollte kein Autogramm von ihr,
sie wollte eines von mir.

BRIEFTRÄGER: Gute Idee! Jetzt werde ich mir auch ein Autogramm von ihr holen. Meine Tochter wird sich freuen,
sie schwärmt für Gerda Schroebner. Kostet das was,
ihr Autogramm?

AUTOR: Was ihr Autogramm kostet, weiß ich nicht. Ich will ja
keines, es war –

BRIEFTRÄGER: Also war's doch die Gerda Schroebner! Ich hab
mir's gleich gedacht. Vielen Dank!

AUTOR: Lesen Sie nie ein Buch?

BRIEFTRÄGER: Ich? Ein Buch? Nein, aber in der Schule hab ich viel
gelesen.

Das Libretto der Oper *Storm*, verfasst von einem jungen Dramaturgen und komponiert von einem jungen Komponisten, der im Hauptberuf Klavierlehrer an einer Privatschule ist, aufgeführt im Stadttheater Husum, fing so an:

Husum, 1852. Der Dichter Theodor Storm und seine Frau in ihrem Wohnzimmer. Die Frau sortiert und faltet Wäsche, Storm geht ruhelos auf und ab.

FRAU: So müssen wir denn unsere Heimat – *(weint)* so müssen wir
    in die Fremde.
STORM: Nein, Frau! Wir werden wiederkehren.
    (Hinter der Szene ist ein Chor zu hören, der langsam näher
    kommt.)
CHOR: Hinaus mit dem fremden Heer!
    Hinaus mit den fremden Soldaten!
    Husum ist deutsch,
    und deutsch muss es bleiben.
STORM: Hörst du sie singen? Unser Paradies
    bringen sie doch nicht zurück.
    Ich muss hinaus, muss mit ihnen trotzen
    den dänischen Barbaren.
FRAU: Bleib, Mann! Sie töten dich.
STORM: Mögen sie mich töten,
    so sterb ich doch fürs Vaterland.
CHOR *(nahe):* Hinaus mit dem fremden Heer!
    Hinaus mit den Soldaten!

FRAU: Und was soll werden dann aus mir?
Und was soll werden aus deinen Gedichten,
deinen Oden, deinem Herzblut?
STORM: Sollen sie verbrennen!
Hab ich sie doch geschrieben,
und nur die Zeit kann sie vernichten,
kein dänischer Halunke.
FRAU: Und Immensee?
STORM: Immensee, du mein Immensee,
bist zu mir gekommen,
hast segnend in mein Ohr geflüstert,
hast mich geliebt. Und immer wieder
kamen die Worte: Ich bleibe!
Ich fliehe, doch ich bleibe.
CHOR (*gleichzeitig mit Storm*): Wir weichen nicht,
wir wanken nicht,
wir werden nie vergessen
die Gräber unserer Ahnen.
Sie ruhen in deutscher Erde und rufen uns
zum Widerstand, zum Widerstand.
Und lauter, immer lauter wird ihr Ruf –

Der Brief eines Schuhfabrikanten an seine Frau fing
so an:

Geliebte Renate,

Du, meine Liebe, meines Herzens Blüte,
ich bitt Dich um Verzeihung, hab die Güte,
Du, meine Rose unterm Lindenbaum,
ach, sag mir doch, es war ein böser Traum.

Ich hab die Tina endgültig nach Haus geschickt.
Sie hat Ade gesagt und mich nicht einmal angeblickt.
Ich hab sie nie geliebt. Denn was heißt lieben?
Ich lieb nur Dich und hab für Dich dieses Gedicht
    geschrieben.

Die Tina ist ein Luder, ja, das weißt Du doch.
Ich war damals mit Dir in einem großen Loch.
Die Tina kam des Wegs und schien so wunderbar,
und ich fiel in die Falle, weil ich ein Trottel war.

Das Kind mit ihr, das wollte ich nie haben.
Es wird uns Geld kosten, das müssen wir begraben.
Das Kind kann letzten Endes nichts dafür.
Wenn ich ein Kind will, dann doch nur mit Dir.

Ich will die Tina ganz bestimmt nie wiedersehen.
Ich will nur Dich, das musst Du doch verstehen.
Wir haben uns doch immer gut verstanden,
und auch im Bett war alles stets vorhanden.

Nie wieder wird mir so etwas passieren,
darüber brauchen wir doch gar nicht diskutieren.
Ich liebe doch nur Dich und keine andre,
auch wenn ich manchmal anderswohin wandre.

Erinnere Dich doch, mit uns hat's stets geklappt.
Auch Du hast manchen Mann vor mir gehabt.
Und ich auch manche Frau, so ist das Leben,
da wirst Du mir die Tina doch vergeben.

Ich muss zwar diese Woche nach New York,
doch komm ich bald zurück, sei ohne Sorg'.
Dann komm ich gleich zu Dir, weil –

Vermutungen über die Poesie

Ein Gedicht nach klassischem Vorbild:

Es war einmal ein Lindenbaum,
der stand am Brunnen vor dem Tor.
Ich träumt' in seinem Schatten kaum,
doch nahm ich mir das immer vor.

Ich schnitt in seine Rinde tief,
was mir grad einfiel, irgendwas.
Ja, damals war ich noch naiv
und voller Gram und voller Hass.

Grad heute ging ich dort vorbei
und sah ihn nicht, denn es war Nacht.
Von irgendwo kam ein Geschrei,
da hab ich mir mein Teil gedacht.

Er rauschte mit den Blättern, doch
ich tat rasch so, als hört' ich's nicht
und dachte mir: Er wirft mir noch
den Vogelscheiß in mein Gesicht.

Jetzt wohn ich längst in Neuwaldegg
und denke oft an ihn zurück.
Er wirft bestimmt den Vogeldreck
auf jemand anderen, zum Glück.

Dasselbe Gedicht im Expressionismus:

Tage, Nächte, Lug und Trug,
Fäulnis, Moder, Gnadenstoß,
auch die Linde, die ich schlug,
liegt im Himmel, blätterlos.

Ach, sie schnitt in mein Gesicht
mit Gejohle und Geschnauf.
Mit dem Messer Störmichnicht
schlitzte sie die Äste auf.

Heute ging ich dort vorbei,
nachts. Mein Schmerz war unsichtbar,
und ich merkte allerlei,
was noch nicht vorhanden war.

Linde, Linde, schöne Frau,
ach, ich kann dich nicht vergessen.
Wie ein Löwe, wie ein Pfau
hast du mir das Herz zerfressen.

Und ich blicke in die Ferne,
in die ganze Welt hinein.
Wer wird nun, vielleicht gar gerne,
wohl dein nächstes Opfer sein?

Dasselbe Gedicht im Naturalismus:

An einem Brunnen irgendwo,
in dem das Wasser abwärts rauscht,
steht eine Linde, einfach so.
Ich hab genau in sie gelauscht.

Und diese Linde, Tilia
heißt sie Latein, ich hab's gelesen,
ich glaub, sie war schon immer da.
Wohl hundert Jahre sind's gewesen,

da war sie nur ein Blütenstaub.
Der fiel allmählich in die Tiefe.
Ich ging vorbei und sah ihr Laub,
da war es mir, als ob ich schliefe

und träumte, diese Linde sei
in meinem Herzen. Und sie blühte.
Und plötzlich fühlte ich mich frei
und voller Milde, voller Güte.

Doch ach, ich wohne längst in Trier,
wo man Karl Marx und andre hat,
und eine Linde, sagt man mir,
bedeutet nichts in dieser Stadt.

Dasselbe Gedicht im Surrealismus:

unbegrenzt der himmel eine unterwäsche
blau im trügerischen kleid
reckt die äste schürzt die lippen
aber die schwalbe will nicht rasten

schnitzen will der landmann ein herz
vielleicht ein wort
und wenn er vorbeigeht weinen
in den boden hinein wo das wasser
nicht versiegt bis

nachts vergehen die wünsche
der körper hohl die Seele ein flüstergebüsch
unhörbar verworren
wer richtet versteht atmet
sehnt die träume stürzt hinunter

Dasselbe Gedicht in der Nonsens-Lyrik:

Linde, Linde, Blättertier,
wie du dir, so ich mir.
Jeder Tor geht durchs Tor,
nichts dahinter, nichts davor.

Es gibt ein' Schnitzer, der heißt Tod,
der schnitzt ein Wort in ihre Rinde.
Die Linde nennt sich Rosalinde
und wischt das Wort
fort.

Schnitzen, schnotzen, schnutzen, schnatzen,
um die Linde wehen Katzen.
Wer die Katzen füttert,
verbringt die Nacht verbittert.

Ich wohne jetzt in Rosenheim.
Die Linde weiß sich keinen Reim.
Sie wohnt im Kinderhort
und findet Ruhe dort.

Dasselbe Gedicht in der Emigrantenliteratur:

Die Linde meiner Kindheit, ich sah sie wohl
im Winde wanken, das Messer
brach,
das Geschnitzte zerbröckelte,
und sie sprach: Verzeih mir!

Kaum hatte ich verziehen, war das Messer
wieder jung, und die Linde hatte
ihr Lächeln vergessen, wollte weinen,
doch die Wahrheit war stärker. Nachts

ging ich noch einmal vorbei. Dunkel
und kalt
rief sie mir zu: Finde deine Ruhe!
Finde deine Ruhe! Und
eine Eule flog ins Dunkel.

Blühen
kann sie nicht mehr.
Blass und blutig ist
ihre Rinde. Und die Eule
kehrt jede Nacht zurück und
hinterlässt … nichts …

Noch einmal Emigrantenliteratur,
aber etwas prosaischer:

In Cottbus, sagte Minna,
soweit ich mich erinna,
steht eine große Linde
mit einem kleinen Kinde
und rundherum ein Rasen,
auf dem die Schafe grasen.

Das kleine Kind war ich dereinst
mit einer bösen Amme.
Die sagte: Kind, wenn du jetzt weinst,
dann schlag ich dich zusamme.
Zusamme, statt zusammen,
das sagen alle Ammen.

Ich hab versucht, mit meiner Hand
den Lindenbaum zu schälen.
Ich fand's halt damals amüsant,
mein Vis-à-vis zu quälen.
Die Lindenblätter zitterten,
weil sie den Schaden witterten.

Ich war ein Kind. Die Amme liegt
schon längst in ihrem Grabe.
Ich selber wohne stillvergnügt
in Krummdorf an der Nabe.
Der Lindenbaum ist Pflaster.
Es ist vorbei und basta!

Dasselbe Gedicht in der Dekadenzdichtung (Wedekind, Hofmannsthal, Heinrich Mann):

Er schleppte sich zur Linde seiner Krämerseele,
fiel in die weißen Blüten und ertrank.
Die Äste krümmten sich wie heuchlerische Nasen,
der Duft ertönte wie im Biergesang.

Er raffte auf. So tief war er gefallen.
Die Schande überwog, er wollte weiter
und konnte doch die Linde nicht verbrennen.
In steter Ferne blinkte eine Leiter.

Jawohl, nun zeigen, dass er Mann war, Held!
Da fiel die Nacht. Er dünkte sich verloren,
doch hörte er ein Rauschen, ein Getöse,
das ihn erinnerte. Noch blieb er ungeschoren.

Sein Weib erweckte ihn. Wir sind zu Hause,
rief sie. Und er erwiderte: Wo ist die Linde?
Ach, komm zur Ruhe, bat sie. Doch die Worte
zerfielen schattengleich in viele Winde.

Dasselbe Gedicht im Impressionismus:

Der Himmel zürnt der Linde.
Sie reckt die Arme,
schüttelt ihre Locken.
Warum zürnst du?, fragt sie.

Ich war ein Kind und konnte nichts als wachsen,
doch nicht zur Seite wuchs ich, nein, empor,
empor zu dir. Die Tiere nahmen Anstoß,
jedoch ich wusste wohl: Ich bin kein Tier.

Ich bin ein Baum, und du hast mich erschaffen.
Was zürnst du jetzt? Ich tat, wie mir befohlen.
Ich hör zu wachsen auf, wenn du's verlangst,
doch zieh die Blitze ein und lass mich leben.

Und sieh – der Himmel sandte einen wilden Sturm,
der sie zu Boden schmetterte, als wäre sie
nur noch ein Kind mit farbverlornen Blättern.
Du hilfst den Menschen, sprach er,
das ist mir genug.

Dasselbe Gedicht im Futurismus:

Wer bist du, Linde,
fragt der Bettler.
Du bist reich an Blättern,
ich reich an Armut,
du voller Wohlgeruch,
ich voller Gestank,
du wirst bewundert,
ich verachtet,
du wirst bewässert, (am Brunnen vor dem Tore)
ich leide Hunger.

Deine Schönheit, oh Linde,
macht mich zufrieden,
dein Duft
macht mich müde.
Ich muss dich fällen,
um denken zu können,
muss dich zerstören,
um zu verstehen.
Du lenkst mich ab,
du bist reaktionär,
du bist mein Feind.

Zehn Autoren
beginnen ihre Autobiografie

Der erste Autor begann so:

Mein Vater war arbeitslos. Er war immer arbeitslos. Ich weiß nicht, ob er irgendeine Ausbildung hatte, denn er sprach kaum mit mir. Wir waren auch immer bettelarm, nur Alkohol war reichlich vorhanden. Meine Mutter arbeitete gelegentlich als Kellnerin, während mein Vater mich und meine drei Schwestern hütete, wenn er nicht zu betrunken war.

Wir litten auch immer Hunger. In der Schule erbettelte ich Essensreste von meinen Mitschülern und brachte manchmal ein paar Brotrinden nach Hause. Auch meine Mutter brachte Essen nach Hause, wenn sie als Kellnerin arbeitete, aber das war gestohlenes Essen, bisweilen ergänzt durch gestohlenen Alkohol. Irgendwann ertappte man sie, und dann war auch sie arbeitslos.

Unsere Wohnung hatte zwei Zimmer, in einem schliefen die Eltern, im anderen ich mit meinen drei Schwestern in zwei Betten. Von meinen Schwestern weinte immer mindestens eine, manchmal alle drei gleichzeitig. Ich war kein guter Schüler, hasste meine Lehrer, lernte zwar lesen und schreiben, aber sonst nichts. Meine Schulfreunde waren genau wie ich, wir konnten einander nicht leiden, waren also eigentlich keine Freunde, sondern Widersacher. Wenn einer von uns zufällig Geld hatte, fanden wir das bald heraus, schlugen ihn nieder und raubten ihn aus. Mit vierzehn Jahren war die Schule vorbei, und meine Mutter brachte mich zu einem Papierwarenhändler in die Lehre.

Der Papierwarenladen war ziemlich weit von unserer Wohnung entfernt, und einige Wochen lang marschierte ich nach der Arbeit eine gute Stunde lang nach Hause und früh am Morgen wieder zurück zur Arbeit, denn Straßenbahnen und Busse waren mir zu teuer. Dann entdeckte ich, dass ich auch am Bahnhof übernachten und mich in der dortigen Toilette waschen und rasieren konnte, und von da an sah ich meine Familie nur noch selten. Damals dachte ich auch nicht im Traum daran, Schriftsteller zu werden. Ich war einfach ein zutiefst gestörtes Kind, das sich des Lebens erwehrte, und so bin ich bis heute Neurotiker geblieben, zum Beispiel, ich –

Der zweite Autor begann so:

Mein Vater war stinkreich, Aktien, Aktien, Aktien. Er war an jedem halbwegs bekannten Unternehmen beteiligt, Warenhausketten, Lebensmittelimportgesellschaften, Waffenfabriken. Wie er das geschafft hatte, weiß ich nicht, er sprach kaum darüber, war nur übernervös, hatte kein Büro, arbeitete zu Hause, telefonierte oder las Börsenberichte.

Unser Haus hatte siebzehn Zimmer, darunter zwei Kinderzimmer für mich, ein Schlafzimmer und ein Spielzimmer. Geschwister hatte ich keine, neben drei Kindermädchen hatten wir noch zwei Stubenmädchen, eine Köchin, einen Butler, einen Chauffeur und diverses Personal für den Garten. Mit sechs Jahren kam ich in eine elitäre Privatschule, an die ich mich heute kaum erinnere. Ich weiß nur noch, dass mich unser Chauffeur in einem riesigen Auto hinbrachte und wieder abholte. Das Gymnasium, das ich vier Jahre später besuchte, lag ganz in unserer Nähe, und ich wurde von einem unserer Kindermädchen dorthin begleitet und auch wieder abgeholt.

Am Gymnasium verschaffte ich mir Respekt, indem ich Geld verlieh. Es waren keine großen Summen, und zu Hause sagte ich dann einfach, dass ich Geld brauchte, worauf mir Vater oder Mutter wortlos ein paar Hunderter hinstreuten. Ich aß auch, was ich wollte, verköstigte gelegentlich sogar Schulkameraden, die mir zu Dienste waren, und hatte bald keine Wünsche mehr. Also begann ich, meine Gedanken aufzuschreiben, und übergab die Blätter meiner Mutter. Die las sie, fand sie köstlich und kontaktierte einen Verlag.

So hielt ich bereits mit fünfzehn Jahren mein erstes Buch in der Hand und ließ mich als Wunderkind feiern. Das Buch kam sofort auf die Bestsellerlisten, und mein Vater kassierte Tantiemen und legte sie auf einem Spezialkonto für mich an. Erst mit zwanzig Jahren fiel mir auf, dass ich wunschlos, also gelangweilt und daher unglücklich war. Mit Schrecken erkannte ich, dass mein Leben mit den Realitäten unserer Welt nichts zu tun hatte und dass man mich zu einem schwankenden, ja verzweifelten Menschen gemacht hatte. Je mehr Geld ich ausgab, umso vergeblicher schien alles. Nach so einer Kindheit musste ich zwangsläufig zum Neurotiker werden, und bis heute bin ich Neurotiker geblieben. Zum Beispiel: Ich –

Der dritte Autor begann so:

Meine Eltern kamen bei einem Autounfall ums Leben, als ich drei Wochen alt war, ich hatte also keine. Meine Tante, eine Schwester meines Vaters, nahm mich in ihre Wohnung, hielt mich aber nur ein paar Wochen lang aus und übergab mich dann einer anderen Tante. So wanderte ich von Tante zu Tante, von Onkel zu Onkel, von Großmutter zu Großmutter, vorübergehend auch in ein Waisenhaus, niemand adoptierte mich, ich wurde herumgereicht und erfuhr das alles erst viel später von einer entfernten Cousine, die in Costa Rica lebte und auf einen Kurzbesuch nach Europa gekommen war.

Damals war ich neunzehn Jahre alt, meine letzte Tante hatte mich im Alter von sechzehn Jahren in die Welt geschmissen, nachdem sie mir eine Automechanikerlehre und ein Untermietzimmer verschafft hatte. Eines Tages geriet ich in der Autowerkstatt mit einem unserer Kunden in ein angenehmes Gespräch, und als sich dieses in die Länge zog, begleitete er mich abends auf mein Untermietzimmer. Dort warf er mich aufs Bett und wollte mich verführen. Mir war Sex total neu, Mädchen hatte es bisher für mich nicht gegeben, und ich empfand seine Umarmungen und Handgreiflichkeiten als widerwärtig. Trotzdem war ich neugierig, und als er begann mich auszuziehen, leistete ich keinen Widerstand.

Als er aber am nächsten Abend wiederkam, sagte ich sofort, er solle sich keine Mühe geben, ich würde ihn anzeigen. Natürlich war er entsetzt, flehte mich an, davon abzusehen, und erklärte sich bereit, alle meine Wünsche zu erfüllen. Schon am Abend davor hatte er die Stöße beschrifteten Papiers bemerkt, die auf meinem Tisch lagen, ich führte nämlich seit einem Jahr

Tagebuch. Er bot mir an, es als Buch drucken zu lassen, sagte, er kenne einen guten Verleger und ich könne damit viel Geld verdienen. Ich war angenehm überrascht, erklärte mich einverstanden und ließ mich wieder vergewaltigen.

Aus dem Buch wurde nichts, aber so begann meine schriftstellerische Karriere. Andererseits musste ich ja nach so einer Kindheit und Jugend Neurotiker werden und bin auch Neurotiker geblieben, zum Beispiel ich –

Der vierte Autor begann so:

Im Alter von vier Jahren musste ich Geige lernen. Mein Vater kümmerte sich nicht darum, aber meine Mutter war sehr ehrgeizig. Sie selbst spielte kein Musikinstrument, als Kind hätte sie Klavier lernen sollen, aber nach zwei Monaten Unterricht wurde das Klavier gepfändet. Nun hatte sie Angst, dass das wieder passieren könnte, und kaufte mir lieber eine Kindergeige.

Ich hasste den Geigenlehrer, und in jeder Unterrichtsstunde gab es Tränen. Meine Mutter hatte kein Verständnis dafür. »Du sollst es besser haben als ich«, sagte sie immer wieder. Einmal versuchte ich davonzulaufen, aber meine Mutter holte mich ein und verprügelte mich. Dem Geigenlehrer war das peinlich, und er bot meiner Mutter an, den Geigenunterricht ihr zu erteilen statt mir, aber sie lehnte das ab.

Nach zwei qualvollen Jahren sollte ich bei einem Kinderkonzert mitwirken. Alle anderen Kinder spielten Klavier, ich war der einzige Geiger. Als ich die Bühne betrat, war ich so aufgeregt, dass ich die Geige fallen ließ, und sie zerbrach. Das Publikum lachte, und meine Mutter weinte.

Als ich zwölf Jahre alt war, hatte sie genug gespart, um mir eine neue Geige kaufen zu können. Sie flehte mich unter Tränen an, wieder Geigenunterricht zu nehmen, erzählte, wie traurig sie gewesen sei, als man ihr das Klavier weggenommen hatte, Musik sei doch das Schönste im Leben, als Geiger hätte ich eine glänzende Zukunft und müsste nicht in einer Fabrik arbeiten wie mein Vater. Schließlich weinte ich mit und versprach, es noch einmal zu versuchen.

Aber als mein Vater das hörte, knurrte er: »Wenn der Junge nicht will, muss er nicht«, und nahm ihr das ersparte Geld wieder weg. Daraus entstand ein monatelanger Streit zwischen meinen Eltern, und am Schluss verließ mein Vater die Wohnung und machte es sich bei einer Freundin bequem. Ich wurde immer neurotischer, denn meine Kindheit war kaputt, und als ich Schriftsteller wurde, bin ich neurotisch geblieben. Zum Beispiel, ich –

Der fünfte Autor begann so:

Ich wuchs in einer Dreizimmerwohnung auf, Wohnzimmer, Schlafzimmer, Kinderzimmer. Mein Vater war einer von mehreren Buchhaltern in einer großen Firma, meine Mutter war Hilfsarbeiterin, aber als ich geboren wurde, hörte sie auf zu arbeiten. Wie ich später erfuhr, war meine Mutter meinem Vater immer peinlich gewesen.

Die Familie meiner Mutter lernte ich nie kennen. Hingegen besuchten wir jeden Sonntagnachmittag die Eltern meines Vaters und trafen dort auch seine unverheiratete Schwester Erna. Während sich die fünf Erwachsenen unterhielten und Kaffee tranken, saß ich in einer Ecke und las Bücher aus der Bibliothek meines Großvaters. Ich las Goethe, Schiller, Kleist, Uhland, Geibel, Herder, Klopstock, Heine, Hölderlin, Lessing und Rückert. Meine Kindheit verlief also in sehr geordneten Bahnen.

Schulfreunde hatte ich keine, denn ich begriff bald, dass meine Mutter das nicht wünschte. »Da könntest du in schlechte Gesellschaft kommen«, meinte sie. Ihr war es am liebsten, wenn ich sofort nach der Schule nach Hause kam, da hatte sie schon das Mittagessen vorbereitet und konnte mich Tischmanieren lehren. Danach machte ich sofort meine Hausaufgaben, durfte zur Belohnung eine Stunde lang Radio hören, und dann warteten wir gemeinsam auf meinen Vater.

Selbstverständlich hinterließ diese beengte kleinbürgerliche Kindheit tiefe Wunden in meiner Seele, mit dreizehn Jahren hatte ich Gesichtszuckungen, Schlafstörungen und war, für alle sichtbar, hochgradig nervös. Ich bin auch bis heute Neurotiker geblieben, zum Beispiel: Ich –

Der sechste Autor begann so:

Mein Leben fing damit an, dass ich einen älteren Bruder hatte, der mich täglich verprügelte. Meine Eltern sahen das mit Wohlwollen. »Es härtet ab«, meinte mein Vater.

Sport wurde großgeschrieben. »Adolf Hitler konnte es sich in seiner Jugend nicht leisten, Sport zu treiben«, erzählte mein Vater, »das ist einer der Gründe, warum er unser Führer geworden ist. Jeder deutsche Junge muss siegen lernen.«

»Ich werde Handwerker«, rief ich trotzig, »ein Handwerker muss nicht siegen.«

»Natürlich muss er das!«, widersprach meine Mutter. »Als Handwerker hast du Konkurrenz, und gegen die musst du siegen.«

»Dann werde ich Pfarrer«, sagte ich.

»Nur über meine Leiche!«, brüllte mein Vater.

Sobald ich morgens aus dem Bett stieg, begann ich zu weinen. »Warum weinst du?«, fragte dann mein Bruder.

»Ich weine, weil du mich später verprügeln wirst.«

»Da hast du recht«, sagte er und verprügelte mich.

Jeden Abend las uns Vater Hitlers *Mein Kampf* vor. »Damals war es anders«, sagte ich einmal als Dreizehnjähriger.

»Natürlich war es damals anders«, bestätigte mein Vater, »damals gab es die Hitlerjugend, in die ich dich gesteckt hätte. Heute gibt es Europa, und Deutschland ist ein Staat wie jeder andere. Eine Schande!«

Ich weinte. »Ein deutscher Junge weint nicht!«, sagten alle drei.

Wie ich Schriftsteller wurde, ist eine andere Geschichte. Zunächst wurde ich Schulwart in einem Gymnasium, dessen Direktor ein Bewunderer meines Vaters war. Da hatte ich viel Zeit, um über meinen Vater nachzudenken, und gelangte schließlich zur Erkenntnis, dass er recht hatte. Wir waren Deutsche, und es war besser, Patriot zu sein, als gar nichts. Ich schwor mir, meinen Vater als Vorbild zu betrachten und meine Kinder täglich zu verprügeln, denn das härtet ab. Ich gebe zu, in den Augen mancher – eher minderwertiger – Leute bin ich ein Neurotiker, zum Beispiel, ich –

Der siebente Autor begann so:

Eine Autobiografie kann peinlich sein, denn entweder stellt man sich bloß, oder man lügt. Ich habe mich entschlossen, die Wahrheit zu schreiben, und gestehe, dass ich eine schwierige Kindheit hatte. Meine Eltern waren nämlich beide berufstätig, oft bis spät nachts, und ich musste die ganze Zeit mit meinem Kinderfräulein verbringen.

Sie hieß Else und war 23 Jahre alt. Ich war elf oder zwölf, als sie zum ersten Mal meinen Penis in die Hand nahm. »Du bist noch zu jung«, entschied sie dann, »aber ich könnte dich zu meinem Freund mitnehmen, damit du etwas lernst.« Ich muss nun nicht näher beschreiben, was sich bei ihrem Freund abspielte, und es dauerte nicht lange, bis auch ich Elses Freund wurde. Aber für mich war das ein zwiespältiges Erlebnis, denn als Nackte gefiel mir Else ganz und gar nicht. Immer wieder musste sie mit meinem Penis spielen, um ihn hochzutreiben, und wenn es vorbei war, ekelte ich mich.

Und dann geschah etwas Furchtbares: Meine Mutter war außer Haus, und als ich Else suchte, fand ich sie, wie sie meines Vaters Penis genau so in der Hand hielt wie sonst meinen. Die beiden schreckten auf, und ich schlug die Türe zu und brach in Tränen aus. Nicht lang danach wurde Else von meinen Eltern entlassen. »Sie kriegt ein Kind«, sagte meine Mutter, »und das geht natürlich nicht.« Ich schwieg, und mein Vater speiste mich mit Geld ab.

Wer der Vater ihres Kindes war, habe ich nicht erfahren, aber der Gedanke, dass ich es sein könnte, brachte mich um den Verstand. Ich war jahrelang impotent, wenn mich ein Mädchen an Else erinnerte, und es gab auch noch andere neurotische Folgen, zum Beispiel, ich –

Der achte Autor begann so:

Mein Vater war ein weltberühmter Schriftsteller, meine Mutter eine weltberühmte Opernsängerin, und ich hatte eine Schwester, die schon mit sechzehn Jahren eine weltberühmte Sportlerin war. Also wurde auch ich Schriftsteller, aber leider nicht weltberühmt – außer als Sohn meines Vaters.

Solche Kinder haben es bekanntlich nicht leicht. Zugegeben, ich musste mich nicht so sehr bemühen wie Kinder von normalen Leuten, mein Vater wurde von allen Buchverlegern verehrt, und ihm zuliebe druckten sie auch meine Bücher, aber sie unterstrichen meinen Vornamen, damit mich kein Käufer mit meinem Vater verwechseln konnte.

Noch mit 29 Jahren suchte ich Trost bei meiner Mutter, wenn mein Vater wieder einmal einen Bestseller gelandet hatte. Dann nahm sie mich an ihren großen Busen und sang mir etwas vor, und sie hatte eine wirklich wunderschöne Stimme. Aber das erinnerte mich nur daran, dass sie auch sang, während sie Autogramme schrieb. Niemand wollte je ein Autogramm von mir.

Vielleicht ist es ein Vorteil, wenn Künstler Neurotiker sind, sonst werden sie keine Querdenker. Andererseits: Wenn mein Vater mich lobte, glaubte ich ihm nicht, ich wusste, dass er alles viel besser konnte. »Warum hast du mich nicht Steinmetz werden lassen?«, fragte ich ihn eines Tages.

»Du brauchst Zeit«, antwortete mein Vater, »als ich so alt war wie du, habe auch ich lauter Unsinn geschrieben.«

»Ich schreibe lauter Unsinn?«

»Nein, nein!«, sagte mein Vater hastig, denn er meinte es gut mit mir, und das war es ja, worunter ich litt. »Nein, nein, du schreibst wie ein überaus talentierter Anfänger.«

»Und wie lange muss ich Anfänger bleiben?«

»Wir sind alle Anfänger, unser ganzes Leben lang sind wir Anfänger«, seufzte mein Vater.

»Du doch nicht!«, brauste ich auf.

»Werde nicht frech!«, sagte er, und damit war das Gespräch beendet.

Es war eine Lehre für mich. Gut, ich schreibe Unsinn, ich bin Anfänger, ich bin Neurotiker, zum Beispiel ich –

Der neunte Autor begann so:

Bevor ich auf die Welt kam, lasen meine Eltern alle pädagogischen Bücher, derer sie habhaft werden konnten. Ich sollte ihr einziges Kind bleiben, und sie wollten mich richtig erziehen: Wenn ich brüllte, hatten sie Verständnis, wenn ich schwieg, hatten sie Verständnis, wenn ich meine Hemden zerschnitt, hatten sie Verständnis, wenn ich ihnen Kröten ins Bett legte, hatten sie Verständnis. Sie waren die verständnisvollsten Eltern, die man sich vorstellen kann. Wenn mich mein Vater lobte, tröstete mich meine Mutter, wenn mich meine Mutter küsste, tröstete mich mein Vater, in der Schule fiel ich konsequent durch, und wochenlang trösteten mich alle beide. Schließlich wurde meine Mutter, mit Erlaubnis meines Vaters, die Geliebte des Schuldirektors, und danach hatte ich keine Probleme mehr.

Mit dreizehn Jahren entdeckte ich, dass ich weder lesen noch schreiben konnte, aber meine Eltern hatten auch dafür Verständnis. Sie engagierten einen berühmten Schriftsteller, und meine Mutter schlief mit ihm. Danach schrieb er mein erstes Buch. Bei meinem zweiten Buch hatte er schon genug von meiner Mutter. Mein Vater bot ihm seine kleine Nichte als Ersatz an, aber der Schriftsteller flüchtete. Von da an musste ich alles allein schreiben und wurde schwer neurotisch, zum Beispiel, ich –

Der zehnte Autor begann so:

Schon als kleines Kind fiel mir auf, dass meine Eltern immer wieder von Juden sprachen und dass sie unser Unglück seien. Als ich dann in der ersten Klasse einen Jungen kennenlernte, von dem alle sagten, er sei Jude, war ich natürlich neugierig und näherte mich ihm. Er hieß Ludwig Edelstein, war sehr freundlich, half mir bei Schul- und Hausaufgaben, und nachmittags gingen wir gemeinsam auf den Sportplatz.

Meine Eltern erfuhren bald, dass ich mich mit einem jüdischen Klassenkameraden angefreundet hatte, und es gab einen großen Krach zu Hause. Mein Vater warnte mich eindringlich: »Ja, jetzt ist er freundlich, aber nur, weil er etwas von dir will«, sagte er.

»Was soll er denn wollen?«, fragte ich, aber darüber schwieg sich mein Vater aus, und meine Mutter weinte. Schließlich musste ich ihnen versprechen, dass ich dieser Freundschaft ein Ende bereiten würde.

Das war leichter gesagt als getan, vor allem, als Ludwig eines Tages mein Leben rettete. Wir waren in einem Waldteich schwimmen gewesen, und mein Fuß hatte sich in einer Schlingpflanze verfangen, worauf Ludwig, ohne zu zögern, untertauchte und mich befreite. Als ich das meinen Eltern erzählte, wurden sie richtig wütend. »Du hast doch versprochen, ihn nicht mehr zu sehen«, schrie meine Mutter, und mein Vater drohte: »Wenn ich dich noch einmal mit einem Judenbub erwische, stecke ich dich in eine Erziehungsanstalt.«

Schließlich gestand ich Ludwig, dass meine Eltern Vorbehalte gegen ihn hatten, und er wusste sofort Bescheid: »Sicher weil ich Jude bin«, sagte er, »nun ja, es tut mir leid, aber ich bin nun einmal einer.«

»Sind deine Eltern auch Juden?«, erkundigte ich mich. So naiv war ich damals.

Das Ende meiner Freundschaft mit Ludwig Edelstein stürzte mich in eine tiefe seelische Krise. Ich wurde ein nervöses, störrisches Kind und wanderte im Alter von achtzehn Jahren nach Australien aus. Aber auch dort liefen mir überall Juden über den Weg, und nach einem knappen halben Jahr kehrte ich nach Deutschland zurück und versöhnte mich mit meinen Eltern.

Denn ich hatte eingesehen, dass die Juden unser aller Unglück sind, sie haben unser Jesuskind ans Kreuz geschlagen, sie betrügen uns, wo sie können, sie zetteln Kriege an, sie wollen die Welt beherrschen, und angefangen mit Ludwig Edelstein sind diese verdammten Juden auch schuld daran, dass ich Neurotiker geworden bin, zum Beispiel, ich –

Anfänge aus Erfahrung

Ein Zeitungskritiker begann seine Kritik
über mich so:

Georg Kreisler hat vor etlichen Jahren wertvolle Beiträge zum
deutsch-österreichischen Kabarett geliefert. Er schrieb Lieder,
die nicht nur literarische und musikalische Höhepunkte der da-
maligen Szene waren, sondern die auch bis heute fast nichts von
ihrer früheren Aktualität eingebüßt haben. Er hatte auch dem-
entsprechenden Erfolg, man schätzte seine Formulierungskunst,
seine Originalität und sein Klavierspiel.

Leider war ihm das nicht genug. Er versuchte, Romane zu
schreiben, und als ihm das misslang, machte er sich an Theater-
stücke. Man hätte ihn und das Publikum warnen sollen: Ein Ka-
barettist, der sich an höherer Kunst beteiligen will, ist immer
zum Scheitern verurteilt. Das gilt auch umgekehrt: Ernst zu neh-
mende Künstler, die in die Niederungen des Kabaretts hinabstei-
gen, sind Verräter der eigenen Genialität und werden es bereuen.

Den Theaterstücken Kreislers wird nie Erfolg beschieden
sein, denn in ihnen weht der scharfe Wind des Kabaretts, anstatt –

Ein Literaturprofessor fing seinen Artikel
über mich so an:

Kreislers Texte als gesellschaftliche Metaphern, quasi als Mikro-
kosmos jeglicher Sozietät, übertragen die humanen Defizite, also
die sozial relevanten Gesichtspunkte, die sich damit verknüpfen,
auf unnachahmliche Weise. Die Besonderheit ist der überaus
hohe Musikanteil, der sich in intonatorischen Schichten nicht
nach logischen, sondern nach häufig ambivalenten Kriterien über
den Leser oder Hörer ergießt. Kreislers musikalischer Eigensinn
nimmt dabei eine Stellung ein, die die sprachliche Schicht in
den Vordergrund treten lässt, wodurch die Struktur sämtlicher
künstlerischer Ausdrucksformen die Bizarrerie jeder Liedertafel
in den Schatten stellt. Seine systematische Verwischung jedes
Kulturbetriebs, seine prononcierte Unbeschwertheit, wobei das
pluralistische Musikverständnis nicht zu kurz kommt, sowie die
kontinuierliche Erfahrung der Fremdheit tun ein Übriges, um zu
bestimmen, wo genau das Schwergewicht seiner künstlerischen
Neigungen zu finden ist.

Nimmt man das Gesamtgebilde auf, eröffnen sich sofort
deutliche Zusammenhänge, doch jenseits solcher kommunika-
tiven Erwägungen weist das Rezeptionsbild auf ein reichliches
Potenzial von abgründigen Prototypen hin, das bei näherer Be-
trachtung in der deutschen Bühnenlandschaft eine unwiderlegli-
che Einmaligkeit darstellt. Die historische Literaturwissenschaft
wird sich noch jenseits aller Kategorisierungen, Systematisierun-
gen und Katalogisierungen mit Kreislers Oeuvre befassen müssen, solange die europäische –

Ein Musikprofessor fing seinen Artikel über mich so an:

Wenn wir heute Kreislers Lieder hören, erinnert das an die Tatsache, dass schon René Descartes, 1596–1650, ein *compendium musicae* verfasste, das zu den scharfsinnigsten Schriften seiner Zeit gehört. Kreislers Verbindung seiner Lyrik mit Musik führt zu einer ästhetischen Formprägung seiner Kunstwerke, denn nicht nur die Intensität der Melodik, die sorgfältig geprägte Erlebnisstärke sowie die Tiefe der Empfindung und die Durchdringung und Bewegung des Notenmaterials sind wesentliche Kriterien seiner Kunst. Die Rhythmisierung seiner Melodik wie das zugrunde liegende stimmungshafte Welterleben umfassen seine seelischen Gestimmtheiten in allen Variationsmöglichkeiten, und sein Verhältnis vom Ich zum Mitmenschen führt uns dann unmittelbar zurück zum musikalischen Descartes.

Kreislers tendenzielle Valenzumkehrung des Wort-Ton-Verhältnisses in ein Ton-Wort-Verhältnis ist der entscheidende Impuls seiner musikalischen Assoziationszusammenhänge. Die diversen Bedeutungsebenen seiner Gesellschaftsdiagnosen verursachen sowohl eine Reflexions- wie auch eine Rezeptionsverschiebung, die – bisweilen sicherlich unfreiwillig – der Erwartung seines Publikums entspricht. Und doch: Kreislers Methode der Überlagerung musikalischer Semantisierungen ist historischen Ursprungs.

Die strophisch angelegten Kanzonen der provenzalischen Troubadours und der nordfranzösischen Trouvères des 11. bis 13. Jahrhunderts setzen sich in ihm fort. Nach 1500 wird der von Ockeghem zunächst für die Kirchenmusik aufgebrachte imitierende A-cappella-Stil auch auf das weltliche Lied übertragen,

und es entstehen Madrigale von teils sentimentalem, teils aus-
gelassenem Charakter. Der Vater der imitierenden Madrigale ist
Josquin des Prés, und Kreisler –

Der Brief eines Wiener Kabarettisten fing so an:

Lieber Kollege Georg,

wir alle haben immer bedauert, dass äußere Umstände Dich zwangen, Wien im Jahr 1938 zu verlassen. Doch hast Du es letzten Endes besser getroffen als diejenigen, die zurückblieben, lebensgefährliche Bombardierungen durchstehen mussten und am Schluss in einer zerbombten Stadt saßen. Schön, dass Du wenigstens zehn Jahre nach Kriegsende nach Wien zurückgekehrt bist, denn Du gehörst zu Wien, und Wien gehört zu Dir. Willkommen!

Aber warum, um Gottes willen, verdirbst Du uns jetzt allen die Laune mit Deinen dreckigen Liedern? Du hast doch ein herrliches Talent und musst wissen, dass wir in dieser schrecklichen Zeit aufbauende und ermutigende Lieder brauchen. Warum nimmst Du Dir kein Beispiel zum Beispiel an Hans Weigel, der Dich in seinen Zeitungskritiken doch so gelobt hat? Der schrieb:

> Anderswo macht uns das Leben Freude,
> aber mich g'freut's nur in Wien.
> Anderswo gibt's noch viel schöne Gebäude,
> aber mich g'freut's nur in Wien etc.

Oder an Deinem Kollegen Gerhard Bronner, der schrieb:

> Er trinkt kan Wein,
> obwohl er Wiener ist.
> Das muss ein Anarchist
> zumindest sein.

Ich will ja nicht behaupten, dass man im Kabarett nicht kritisch sein soll. Auch Bronner ist kritisch, wenn er im Lied *Der Papa wird's schon richten* die Korruptionswilligkeit einzelner Wiener Politiker anprangert, von Helmut Qualtinger ganz zu schweigen, der mit seinem glänzenden Vortrag des Liedes *Der Wilde mit seiner Maschin'* ganz deutlich die rücksichtslosen Verkehrsteilnehmer geißelt.

Aber was machst Du? Du stellst uns Wiener als Taubenvergifter hin oder als Frauenmörder! Du schreibst *Wie schön wäre Wien ohne Wiener* oder behauptest gar *Das Kabarett ist tot*. Ich habe gehört, dass manche Zuschauer deine Vorstellung empört verlassen und manchen Damen übel wird. Das kann doch nicht der Sinn eines Kabarettabends sein.

Lieber Georg, gib Deinem Herzen einen Stoß und schreib etwas Anständiges. Vielleicht bist Du noch verbittert wegen der Hitler-Episode, aber Du musst doch wissen, dass –

Ein Fernsehintendant begann seinen Brief an mich so:

Sehr verehrter, lieber Herr Georg Kreisler,

man hat mir nahegelegt – also nicht Sie – aber sehr wohlmeinende, anständige Freunde haben mir nahegelegt, ich möge doch gelegentlich, aber in regelmäßigen Abständen und natürlich erst spätnachts den Bildschirm wenigstens fünfzehn Minuten lang für Sie frei machen. Meine Freunde baten mich so flehentlich, dass ich ihnen zusicherte, ich würde mich ehebaldigst an Sie persönlich wenden, um einige Sachverhalte mit Ihnen gemeinsam aufzuklären.

Aber vorerst muss ich Ihnen mitteilen, dass ich selbst zu Ihren ältesten Bewunderern gehöre. Schon in meiner Studentenzeit saß ich nächtelang mit Kommilitonen zusammen, und wir lauschten fasziniert Ihren *Seltsamen Gesängen*. Damals war Ihr *Taubenvergifter* oder Ihr Lied von der *Wanderniere* in aller Munde, obwohl es ja nicht leicht war, Ihre Schallplatten zu besorgen.

Dies aber nur vorab. Nun zu Ihren Liedern. Lieber Herr Kreisler, wie Sie sicher wissen, sind wir eine öffentlich-rechtliche Anstalt mit gewissen Aufgaben und Möglichkeiten. In Berlin, Hamburg oder Köln, vor allem in Wien würde man Ihre Lieder und Sonstiges aus Ihrer Feder ganz sicher genießen, aber wir bedienen auch einfachere Menschen, die in kleinen Orten oder gar auf dem Lande wohnen und nach des Tages Müh und Plag –

Der Brief einer früheren Freundin begann so:

Lieber Georg,

Du wirst Dich wundern, von mir zu hören, da wir ja schon über ein Jahr auseinander sind. Wir waren ja nur zusammen, weil wir niemand anderen hatten.

Ich habe Dich damals für einen Musiker gehalten, das hat mir gefallen, und deswegen habe ich Dich auch geliebt, das gebe ich offen zu. Ich verstehe nicht viel von Musik, habe auch dieses Thema mit Dir nie angeschnitten. Jetzt habe ich aber erfahren, dass Du auch Wörter oder Gedichte zu Deiner Musik schreibst, und da habe ich mir diese angeschaut.

Ich muss Dir sagen, ich war entsetzt. Ich schäme mich, dass ich mit Dir zusammen war. Wie kann man so etwas Bösartiges und Lasterhaftes schreiben und noch dazu selber vortragen? Du findest einen Mann, der seine Freundinnen umbringt oder erwürgt oder ertränkt, lustig? Ich habe so was Erbärmliches noch nie gehört. Du sagst, wenn wir unschuldige Täubchen vergiften, sind wir nur im Park spazieren gegangen? Du behauptest allen Ernstes, wenn man mit der Frau seines Freundes ins Bett geht, soll der draußen warten?

Lieber Georg, wenn Du solche Sachen einem Publikum vorsingst, bist Du ein Verbrecher. Man sollte Dich anzeigen. Du bist ein ganz gemeines Scheusal, eine Bestie, ein Schädling, den man einsperren oder vernichten sollte. Das muss ich Dir sagen, auch wenn wir Gott sei Dank nichts mehr voneinander wissen wollen. Du bist ein –

Ein mir Unbekannter, aber Typischer
begann seinen Brief so:

Sehr geehrter Herr Kreisler,

ich bin schon seit Jahren ein großer Bewunderer Ihrer Kunst, ein treuer Fan. Schon als Kind habe ich Ihre Platten gesammelt und alle Lieder auswendig gelernt, und ich kann alle noch heute.

Ich bin auch ein eifriger Autogrammsammler und lege diesem Brief zwei Fotos von Ihnen bei, die ich aus einer Zeitung ausgeschnitten habe, und möchte Sie höflichst ersuchen, diese Fotos mit ihrem Autogramm und Datum zu versehen und an mich zurückzuschicken. Einen Briefumschlag mit Namen und Adresse lege ich bei, Sie brauchen ihn nur noch zu frankieren.

Besonders freuen würde ich mich, wenn Sie noch fünf oder sechs Fotos von Ihnen, die Sie sicher übrig haben, noch dazu signieren und beilegen würden, denn ich habe eine große Familie, und die sind alle ebenfalls eifrige Autogrammsammler.

Außerdem, wenn Sie dann noch auf ein Stück Briefpapier eine persönliche Widmung an mich schreiben, signieren und datieren würden, wäre ich überglücklich.

Außerdem könnten Sie vielleicht ein paar Noten aus einem Ihrer Lieder notieren und mit einer Widmung an mich signieren, denn Ihre Musik ist doch besonders wichtig. Ich wäre Ihnen unendlich dankbar.

Außerdem noch etwas Persönliches: Ich habe eine liebe Schwester, die gut singen kann, nicht beruflich, nur privat zu ihrem eigenen und unser aller Vergnügen. Die möchte gerne alle Ihre Lieder singen, und sie hat auch jemanden, der sie am Klavier begleiten würde, aber keine Noten. Könnten Sie ein paar Noten aufschreiben und sie mir oder meiner Schwester zuschicken? Die Adresse meiner Schwester füge ich unten noch dazu. Es wäre ein wunderbares Geschenk für unsere ganze Familie, vor allem, da einige bald Geburtstag haben.

Außerdem, sehr geehrter Herr Kreisler, wie Sie bemerkt haben werden, liegt diesem Brief eine lustige Kurzgeschichte bei. Die habe ich verfasst. Sie ist nur ein Beispiel von mehreren Kurzgeschichten, die ich geschrieben habe und jetzt einem Verlag schicken möchte. Meine Freunde und meine Verwandten finden diese Geschichten sehr amüsant, und alle sagen, dass man sie einem größeren Publikum nicht vorenthalten sollte. Da wäre es natürlich sehr hilfreich, wenn der große Georg Kreisler ein paar lobende Worte verlauten lassen würde. Es muss keine lange Kritik sein, nur ein paar positive Worte, die ich dann den betreffenden Verlegern beilegen kann. Da ich von Ihnen immer gehört habe, wie großzügig Sie sind, hoffe ich sehr, dass Sie mir diesen Wunsch erfüllen werden.

Außerdem wird Sie Folgendes überraschen: Ich bin beruflich Vertreter von Lebensversicherungen und komme demnächst auch in die Stadt, in der Sie wohnen. Da könnte ich bei Ihnen vorbeikommen und Sie könnten mir all diese Dinge, um die ich Sie gebeten habe, persönlich übergeben. Vielleicht könnten wir sogar ein Plauderstündchen einlegen, auch gern mit Kaffee, aber nur kurz, denn ich habe nicht viel Zeit und möchte nicht die Nacht bei Ihnen verbringen.

Außerdem –

Anfänge von Rednern,
die die letzten Worte
des Satzes verschlucken

Eine Laudatio fing so an:

Meine sehr verehrten Damen und. Unser heutiger Preisträger ist ein. Er ist ja erst 24 Jahre alt, und sein Vater, der bekannte Multimilliardär und Philanthrop sowie seine hochverehrte Gemahlin, die ja durch ihre Stiftung diesen Preis.

Aber zurück zu unserem. Wie es der bekannte Literaturkritiker Hubert von Attinghausen ausdrückte. Wir können uns also glücklich schätzen, dass dieser junge Genius. Aber nun möchte ich auch auf sein Werk eingehen, denn.

Schon sein Erstlingsroman *Schaf im Wolfspelz*, den er im zarten Alter von. Diese Worte der jungen Mutter, die, wie wir wissen, mitten im Kornfeld. Aber nicht nur das, auch. In seinem vierten Roman wird dann Charlotte gleichfalls. Aber es ist nicht nur diese Fehlgeburt, auch als der junge Student Kaspar die Phiole. Die unmittelbar darauf folgende Szene, als sie ihn plötzlich küsst, wird. Kein Wunder, dass dieser Roman, der ja unseren Geibelpreis zur Folge hatte, von allen, die ihn gelesen haben.

Abschließend –

Ein Nachruf fing so an:

Er ist von uns gegangen, aber. Wie die meisten von Ihnen wissen, war er ein. Aber nicht nur das, sondern er war auch. Wir alle, die wir heute hier versammelt sind, wissen eines: Er wird nicht. Und die Lücke, die er hinterlässt, hinterlassen musste, wird ein. Wir dürfen ihm nachtrauern, aber wir dürfen nicht. Unser Mitgefühl für seine Familie, die ja in einem ganz anderen Sinn als. Denn er war vor allem ein Mensch, aber darüber hinaus. Einer wie er kommt nicht wieder, vielleicht.

Ein Interview mit einem Operntenor fing so an:

JOURNALIST: Sie singen heute Abend den Don José in der Oper *Carmen*. Ist das eine Ihrer Lieblingsrollen?

TENOR: Absolut! Ich habe den Don José bereits in Madrid, in New York, in Buenos Aires und. Es ist jedes Mal eine neue Herausforderung, die ich.

JOURNALIST: Es ist jedes Mal anders?

TENOR: Absolut! Es ist jedes Mal ein anderer Dirigent, ein anderer Regisseur und ein anderes.

JOURNALIST: Was wird in der heutigen Vorstellung anders sein?

TENOR: Absolut! Die.

JOURNALIST: Gibt es einen besonderen Anlass, warum Sie diese Rolle jetzt auch hier singen?

TENOR: Absolut! Jede Vorstellung ist ein besonderer Anlass. Die Musik stirbt ja nicht, die ist immer.

JOURNALIST: Was wird heute Abend anders sein als beispielsweise in Madrid?

TENOR: Machen Sie auch ein Foto von mir?

JOURNALIST: Absolut!

Ein Autor fing seine Lesung auf der Buchmesse so an:

Man hat mir gesagt, dass mein Buch vielleicht einen Skandal. Na ja, vielleicht fördert das den. Sie werden ja. Ich greife in meinem Buch einzelne Stränge ... und variiere ... sodass ich von allem ... ohne mich auf eine feste Größe. Es liest sich zuerst wie Nebensächlichkeiten, die nie kohärent. Hauptperson ist ein. Dieser Bibliothekar verschanzt sich hinter seinen Beobachtungen, sodass. Das wollte ich nur vorher bemerkt haben, damit Sie wissen, was.

Ein prominenter Kommunist begann seinen Vortrag so:

Liebe Genossen und Genoss! Fasst Mut, man kann nicht über-
sehen, dass. Unter den Bedingungen der Wirtschaftskrise zeigt
sich. Unser Alltagswiderstand frisst an den ordnungspolitischen
Leitplanken der Marktwirtschaft und. Die korrupten Machen-
schaften der westlichen Staaten sowie die Unterdrückung jeglicher politischer Opposition haben bewirkt. Karl Marx sagt.

Ein Rechtsanwalt fing sein Plädoyer so an:

Mein Mandant ist ein Mörder, man spricht sogar von vorsätzlichem Mord, und all das geben wir zu, aber. Dass der Mord heimtückisch war, liegt auch auf der Hand, dennoch. Mein Mandant hat seine Ehefrau, mit der er bereits 23 Jahre glücklich verheiratet war, in einen Hinterhalt gelockt, aber warum? Weil. Er hat zudem nicht nur ein Mal zugestochen, sondern insgesamt achtzehn Male, wie er freimütig erzählt, um ganz sicher zu sein, aber man muss bedenken, dass. Die drei Kinder ließ er zuschauen, denn. Auch zugegeben, das bedauernswerte Opfer war eine vorbildliche Ehefrau und Mutter, erklärt mein Mandant, und gerade deswegen. Mein Mandant ist nicht geistesgestört, sondern ein ganz normaler Mensch, aber ich beantrage trotzdem.

Tagebücher

Das Tagebuch einer Vierzehnjährigen:

16. MAI

Endlich habe ich IHN kennengelernt! Höchste Zeit, ein Tagebuch zu beginnen! Es war bei der Party meiner Freundin Ida. Er ist groß, blond und hat ein absolut göttliches Gesicht, schnurgerade Nase, sinnliche Lippen und alles, was dazugehört.
Er ist neunzehn Jahre alt und studiert Wirtschaftswissenschaften, das heißt, eines Tages werden wir in Geld schwimmen.
Er liebt mich.

18. MAI

Er hat nicht angerufen. Ich hab mir gleich gedacht, wer weiß! Vielleicht ist er ein ekelhafter Mensch, und jetzt weiß ich es. Leider hab ich seine Telefonnummer verloren und musste Ida darum bitten. Sie wollte sie mir nicht geben, denn sie liebt ihn auch, und er liebt sie. Aber dann hab ich sie überredet.

20. MAI

Er hat noch immer nicht angerufen. Ida auch nicht.

22. MAI

Heute hab ich ihn heimlich angerufen. Zuerst hat er nicht gewusst, wer ich bin, aber dann hat er sich sofort erinnert. Er liebt mich. Momentan hat er keine Zeit, aber er hat versprochen, mich bald anzurufen. Was soll ich Ida sagen? Er liebt mich.

26. MAI

Er hat schon wieder nicht angerufen. So einen Menschen heirate ich nicht. Muss ich jetzt zurück zu Erich? Oder zu Alphons? Soll ich überhaupt weiter Tagebuch führen?

Das Tagebuch eines unerfahrenen Geschäftsmanns:

4. SEPTEMBER
Grundsätzlich bin ich immer davon ausgegangen, dass man Menschen oder Firmen misstrauen sollte, deswegen macht man ja schriftliche Verträge. Gestern habe ich aber einen jungen Mann kennengelernt, der mich veranlasst hat, diese Meinung zu revidieren. Er ist auf alle meine Bedingungen eingegangen, und seine eigenen Bedingungen waren durchweg vernünftig. Ein Handschlag war alles, was wir brauchten. Es geht also auch so. Als ich noch jung und idealistisch war, habe ich eine Zeit lang ein Tagebuch geführt. Das will ich jetzt wieder probieren.

15. SEPTEMBER
Der junge Mann, Kraus heißt er, wollte mir einen schriftlichen Vertrag schicken, der ist aber bis jetzt nicht eingelangt. Vielleicht ist er krank.

25. SEPTEMBER
Ich habe den Vertrag bei der Sekretärin angemahnt.

15. OKTOBER
Der Vertrag ist da, völlig falsch formuliert und enthält keine einzige der Bedingungen, die wir besprochen hatten. Ich höre jetzt mit dem Tagebuch auf, es nimmt mir nur Zeit weg.

Tagebuch einer Sängerin:

Endlich habe ich einen Gesangslehrer kennengelernt, der weiß, wovon er redet. Diese erste Stunde mit ihm war ein Erlebnis. Jetzt will ich wieder Tagebuch führen.

Anfänge in eigener Sache

Eine Vorstrophe

Jetzt haben wir bald Dezemmer,
da schneit es weiße Lämmer.
Doch wirklich schneien kann nur
der Wintermonat Jannur.
Dann wird es ziemlich neblig
im kalten Monat Feblig.
Doch Feblig ist nur kurz.
Dann kommt der Monat Murz.
Dann spürt man einen Rappel,
das ist der Monat Appel.
Und alles ist wie neu
im Wonnemonat Meu.
Vollendet warm und sonnig
wird's dann im Monat Jonnig,
und sommerlich und schwül
erscheint der Monat Jül.
Ganz heiß von West bis Ost
wird alles im Augost.
Vorbei geht dann der Sommer
im kühleren Septommer.
Und endgültig vorüber
ist Sommer im Oktüber.
Und kommt erst der Novummer
liegt alle Welt im Schlummer.

Verschiedene Anfänge eines Liedes, das keines wurde:

Lass mich suchen, lass mich suchen, lass mich suchen
unter Eichen, unter Buchen, unter Menschen,
eine Straße, ziemlich flach,
zickezack und überm Bach.
Sie führt irgendwo hinaus und gradeaus.

Lass mich finden, lass mich finden, lass mich finden
unter Buchen, unter Linden, unter Sternen.
Diese Straße macht mir Bang,
sie geht irgendwo entlang
in der Stadt, in die man reist, weil sie so heißt.

Gestern war ich neben ihr, heute ist sie fort.
Sie ist keine Autobahn von hier,
sie ist fremd, eine Gastautobahn
und vielleicht sogar geheim, das weiß man nie.

Lass mich –

Lass mich suchen, lass mich suchen, lass mich suchen
in der Suppe und im Kuchen unterm Teppich.
Wer die Straße einmal hat,
kommt auf ihr in eine Stadt,
die die Wogen glättet, wenn man Wogen hat.

Lass mich weinen, lass mich weinen, lass mich weinen
bei den Deinen, bei den Meinen, bei den anderen.
Denn ich suche schon so lang
zwischendurch und mittenmang,
dass mir jetzt schon keiner glaubt und überhaupt.

Eine Straße, eine Masse irgendwo,
vielleicht in Titicaca, Titicacapo,
eine Straße, mir zum Spaße irgendwie,
eine Straße in der Klassenlotterie.

Lass mich –

Lass mich rechnen, lass mich rechnen, lass mich rechnen
mit den Ungarn, mit den Tschechen, mit den Schweden,
denn da gibt's vielleicht ein paar,
die mir sagen, wo sie war,
und dann finde ich mit List, wo sie jetzt ist.

Habe ich die Straße erst,
finde ich die Stadt.
Mutter hat mir schon erzählt,
diese Stadt ist toll,
völlig rund und ganz bunt,
voller Wind wie ein Ballon –

Vergeblicher Anfang eines Zeitungsartikels:

Die heutigen Regisseure verlegen zunächst einmal das Stück in ein anderes Bühnenbild und in eine andere Zeit. Nichts leichter und dümmer als das! Dann machen sie es wie seinerzeit die Nazis: Alles, was ihnen nicht passt, wird gestrichen. Die Nazis nannten die betreffenden Texte dann »undeutsch« oder »verjudet«, und die heutigen Regisseure nennen sie »Opas Theater«, das ist der ganze Unterschied. Aber Zensur bleibt Zensur, auch wenn man sie »Modernisierung« oder »Regie« nennt.

Das Schlimmste ist: Junge Leute bekommen keinen Goethe oder Molnar oder Strindberg zu sehen, die sie prägen und entwickeln könnten, sondern nur die Auswüchse eines Besserwissers, und natürlich auch kein politisches Theater, kein Theater, das die heutige Gesellschaft infrage stellt, kein nachdenkliches oder Gott behüte revolutionäres Theater, sondern in den allermeisten Fällen einfach eine Bühne, auf der sich die Menschen auffallend oder unappetitlich benehmen.

Zugegeben, es gibt auch Leute, vor allem Zeitungskritiker, die parteigebundene Zeitungen vertreten, die sagen: Ist doch toll, alles spielt im Heute, sogar Shakespeare –

Anfang eines Liedes für Kinder:

Schieß auf den Gegner!
Schieß, aber ziel!
Töte den Feind rundherum!
Lebe verwegner!
Stirb nicht so viel
und stirb nicht so schrecklich dumm!
Ich sprech zu dir und zu dir und zu dir,
zu mir sprech ich längst vergeblich.
Ich winde mich, schinde mich hier am Klavier,
verzweifelt und unerheblich.
Schieß auf die Satten!
Schieß auch auf mich!
Ich bin so reif wie der Rest.
Ziel in die Schatten,
denn dort steh auch ich
und singe noch, swinge noch,
springe und bringe noch
sinnlose Lieder als Protest.

Zeig deine Krallen!
Schieße, mein Kind,
reiße die Erde entzwei!
Auch ich möchte knallen
hoch und geschwind,
die Zeit geht so schwer vorbei.
Ich sprech zu mir, in mich hinein
und finde dort keine Waffe.
Ich frage mich, plage mich, grabe mich ein

und bleib tenoraler Affe.
Greif in die Sterne!
Nimm, bis es reicht
und schieß auf den Feind mittendrin!
Ob ich es noch lerne?
Morgen vielleicht.
Heut sing ich noch, swing ich noch,
springe und ring ich noch,
bis ich begreif, wer ich bin.

Anfang eines kabarettistischen Liedes
nach einem Krankenbesuch:

Ein paar Häuser nebenan
wohnt ein bedauernswerter Mann,
der ist schon jahrelang in ärztlicher Behandlung.
Viele große Psychologen
haben ihn hin und her gebogen,
doch bis heute zeigt sich leider keine Wandlung.
Er sieht äußerlich gesund aus,
und das sagt auch der Befund aus,
auch sein Herz ist kräftig so wie deins und meins.
Auch dem Hirn ist nichts geschehen,
er kann alles gut verstehen,
nur Erinnerungsvermögen hat er keins.

Sobald der Mann erwacht,
am Morgen gegen acht,
nimmt ihn seine Frau in ihre Hut.
Sie zieht den armen Mann
von oben bist unten an,
denn er kann sich natürlich nicht erinnern, dass man's tut.

Dann macht sie den Kaffee.
Er findet die Idee,
Kaffee zu trinken, einfach kolossal.
Auch mittags schmeckt ihm alles, was sie kocht,
     phänomenal,
denn er isst ja jedes Stück zum ersten Mal.

Nachmittags besuchen ihn die Kinder,
und sein Vaterherz entbrennt:
Ich hab Kinder, sapperment!
Abends ist die Freude dann nicht minder:
Film, Theater und all das!
Selbst das Fernsehen macht ihm Spaß.

Und nachher geht er nett
mit seiner Frau zu Bett,
ermüdet von dem täglichen Radau,
und küsst sie ihn dann zärtlich,
sagt er liebevoll: Schau, schau!
Und er kann sich nicht erinnern,
er kann sich nicht erinnern,
aber Gott sei Dank erinnert sich die Frau.

(Zwei weitere Strophen sollten folgen.)

Ein weiterer Versuch, ein kabarettistisches Lied
zu schreiben:

Man lässt den Kopf nicht hängen, wenn man nichts
    zu essen hat.
Von solchen Kleinigkeiten muss man sich befrein.
Wenn dich zur Zeit das Sozialnetz ganz vergessen hat,
dann lächle tapfer in dein Bundesland hinein.

Auch wenn dein Arzt dich täglich stundenlang bestrahlen
    will,
obwohl die Krankenkasse sagt, dass sie's nicht zahlen will,
und deine Kirche nur dein Geld für Kathedralen will,
und in der Wohnung laufen Ratten hin und her,
sei guter Dinge, denn das Leben ist nicht schwer.

Du musst nicht Trübsal blasen, weil du keinen Posten hast,
vielleicht kommt morgen schon ein neues Angebot.
Sind deine Kinder krank, dann sage: Gott sei Dank!
Es gibt auch Kinder, die sind zwanzig Jahre tot.
Und wenn der Staat begehrt, dass man dich schießen lehrt,
dann sei ein fröhlicher und heitrer Patriot!

Freu dich, wenn dich irgendwer verhaften will,
dass dich der Staat selbst im Gefängnis noch verkraften will.
Man soll auch lächeln drüber, dass man dort krepieren wird,
weil das doch eines Tages jedermann passieren wird.

Man soll auch lächeln, wenn ein Schurke für ein Kraftwerk
    wirbt,
in dem ein Unschuldiger später an der Strahlung stirbt.
Man soll auch lächeln beim Gedanken an Plutonium,
denn wer dran schuldig ist, den bringt es sowieso nie um –

Der Anfang eines Liedes über den Tod:

Eines Tages wird man nicht mehr tanzen können,
eines Tages wird man krumm sein,
man wird stumm sein, man wird blind sein
und verloren wie ein Waisenkind im Wind sein.

Eines Tages wird man nicht mehr singen können,
nichts mehr sagen, nichts mehr riechen,
man wird kriechen wie die Wanzen
über einheitliche Felder ohne Pflanzen.

Denn die Welt wird ganz der Wissenschaft gehören,
den Labors in den Gestirnen,
den Computern, den Gehirnen, dem Papier,
anstatt mir. Gratulier!

Unsere Erde wird ein Physiker zerhacken.
Sie wird knacken wie ein Stein,
und das wird genau am Weihnachtsabend sein –

Anfänge,
    die zu Ende kommen sollten

Anfang eines wahren Märchens:

Es war einmal ein alter grausamer König (oder Diktator). Jeden Tag ließ er irgendjemanden erschießen, nur um sich die Zeit zu vertreiben. Eines Tages kam ein junger Revolutionär ins Land, fragte sich zum König (oder Diktator) durch und erschoss ihn.

Da gab es großen Jubel, und das Volk stürmte den Königspalast (oder Regierungssitz), um den jungen Revolutionär (oder Befreier) zu feiern. Während aber alle vor Freude in die Luft schossen, schoss ein früherer Höfling (oder der zukünftige Außenminister) auf den Befreier (oder Revolutionär). Da war er tot, und sofort kam der Sohn des Königs (oder Prinz) und nahm alles wieder in Besitz.

Der Prinz (oder Sohn des Königs) war genauso grausam wie sein Vater. Jeden Tag ließ er irgendjemanden hinrichten –

Anfang der Notizen eines psychiatrischen Patienten:

Da ich mich nicht wohlfühlte, Tilda, meine Frau, geht mir in letzter Zeit schrecklich auf die Nerven, ich habe immer wieder Kopfschmerzen, und überhaupt diese Unzufriedenheit mit mir selbst und anderen, zum Beispiel an der Baustelle, ich bin Architekt, und natürlich muss man die Pläne den Umständen anpassen, baue zur Zeit eine große Garage, und immer wieder werden die falschen Leute krank, und dann stockt alles, das kostet Geld, und der Bauherr hat dafür kein Verständnis, kann man auch nicht erwarten, kurz und gut, ich fand es an der Zeit, einen Psychiater aufzusuchen.

Das war leichter gesagt als getan, ich bin ja vierzehn Stunden täglich auf den Beinen und konnte den Psychiater, der mir empfohlen wurde, nicht erreichen, verständlich, er kann ja nicht seine Ordination unterbrechen, und die Sekretärin konnte mir keinen Termin geben, der für mich akzeptabel gewesen wäre, und schließlich sagte auch Tilda, ich könnte das verschieben, es wäre ja nicht lebensbedrohend, das stimmt, aber ich schlafe so schlecht, habe gelegentlich Herzstiche, bin übernervös und habe auch ein Zittern in den Beinen, das ich früher nie hatte und das besonders unangenehm ist, wenn man auf einem Gerüst steht, meine Frau sieht das zwar nicht ein, sagt, ich brauche einfach einen längeren Urlaub, sie hat leicht reden, ich lasse mir das von ihr auch nicht einreden, habe den Arzt immer wieder angerufen und ihn schließlich um sechs Uhr früh zu Hause erreicht, da war er etwas ungehalten, aber er hat mir einen Termin gegeben, und jetzt gehe ich endlich hin, der Termin ist um siebzehn Uhr dreißig, da werde ich mich halt einmal früher von der Arbeit verabschieden, ich brauche einen Psychiater.

Der Herr Doktor Sebastian Schimmelpfennig war sehr nett, wie kann man Sebastian Schimmelpfennig heißen, da braucht man doch zwei Stunden, nur um etwas zu unterschreiben, aber das geht mich ja nichts an, er hat mich eine gute Stunde lang ausgefragt, hat sogar meinen Puls und Blutdruck gemessen und mir tief in die Augen geschaut und gesagt, er könne noch keine Diagnose stellen, ich müsse erst einige Tests absolvieren, aber es ist bestimmt nichts Ernstes, nur etwas Unangenehmes, das keine lange Behandlung erfordern wird, höchstens ein paar Monate, hat mir Pillen gegeben, jeden Morgen eine vor dem Frühstück, ich habe einen guten Eindruck von ihm, habe mich sogar schon etwas leichter gefühlt, habe ihm das auch gesagt, aber er meinte, das hätte keine Bedeutung, und hat mir einen neuen Termin gegeben, nächsten Montag um dieselbe Zeit.

Montag bin ich hingegangen, habe mir aber gedacht, soll das wirklich monatelang so weitergehen, dann hat mir der Schimmelpfennig gesagt, so einfach ist das nicht, es genügt nicht, dass er weiß, was mit mir los ist, ich selbst muss es wissen, muss die Ursache erkennen, und erst dann kann die Genesung langsam eintreten, das muss ich akzeptieren, ich akzeptiere es auch, obwohl Tilda sagt, das ist alles Quatsch, ich arbeite einfach zu viel, und das ist auch nicht leicht für sie, wenn sie mich kaum zu Gesicht kriegt, das hat sie sich nicht vorgestellt, wie sie mich geheiratet hat, aber wenn ich am Sonntag zu Hause bleibe, motzt sie trotzdem weiter.

Jetzt gehe ich schon vier Wochen lang zweimal wöchentlich zum Schimmelpfennig, und er fragt mich aus, und ich rede und rede, und manchmal kommen Sachen zum Vorschein, die ich längst vergessen habe, und eigentlich fühle ich mich ganz gut dabei, die Dinge am Bau gehen auch ordnungsgemäß weiter, der Bauherr ist zufrieden, aber wohin das führen soll, weiß ich nicht, er sagt, ich muss weitermachen, jetzt ist es so, dass das Reden mich erleichtert, wir sind aber noch nicht zum Kern der Sache vorgedrungen, sagt er, was mich betrifft, finde ich, dass er zu viel von meinem Vater wissen will, dabei war ich vier Jahre alt, als mein Vater starb, was hat das mit mir zu tun, die Garage wird in zwei Wochen fertig sein, und dann fahre ich in den Urlaub, und wenn Tilda nicht mitkommen will, fahre ich allein, mir ist alles wurscht, ob ich nach dem Urlaub noch einmal zu Schimmelpfennig zurückgehe, weiß ich nicht, kostet viel und bringt –

Anfang einer Politikerrede:

Meine Damen und Herren, werden wir uns dessen bewusst: Der Liberalismus hat versagt, der Sozialismus liegt in Trümmern, einzig erfolgreich ist und bleibt die Soziale Marktwirtschaft. Dass sie funktioniert, ist hinlänglich bewiesen, aber wir müssen sie schützen. Ja, die Linke ist besorgt, dass die Rechte die Oberhand gewinnen wird, und die Rechte ist besorgt, dass uns die Linke den Kommunismus schmackhaft machen könnte, aber das ist nicht genug. Wir selbst müssen dafür sorgen, dass die Soziale Marktwirtschaft so überzeugend bleibt, wie sie bisher war, dass unser Wohlstand nur in der Sozialen Marktwirtschaft weiter blühen und gedeihen kann und dass Missstände, die hie und da in der Sozialen Marktwirtschaft entstehen müssen, so schnell wie möglich beseitigt werden. Das Leitbild der Sozialen Marktwirtschaft – »Wohlstand für alle« – darf nicht nur in Sonntagsreden vorkommen, sondern muss in jede Phase unseres täglichen Lebens eindringen. Natürlich können wir heute nicht mehr Ludwig Erhard beschwören, der die Soziale Marktwirtschaft erfunden hat. Er war ein großer Mann, aber die Soziale Marktwirtschaft muss fortschrittlich bleiben, muss mehr Soziale Marktwirtschaft wagen. Unser Außenhandel blüht, da mache ich mir keine Sorge, aber aus lauter Freude darüber haben wir den Binnenhandel vernachlässigt, und das muss ein Ende haben. Unser Gewerberecht ist ein Unrecht, und die Soziale Marktwirtschaft –

(Rufe: »Aufhören! Aufhören!«)

Anfang eines Kapitels in einem sechshunderteinund-
achtzigseitigen Liebesroman:

»Wie sollen wir unser Kind nennen?«, fragte Isolde.

»Wir wissen doch noch gar nicht, ob es ein Junge wird oder
ein Mädchen«, entgegnete Klaus.

»Ja, aber angenommen, es ist ein Junge – da wäre ich für
einen originellen Vornamen, Balthasar vielleicht.«

»So ein Vorname würde ihn sein ganzes Leben lang be-
lasten.«

»Na gut«, meinte Isolde, »dann eben nicht Balthasar, was
hältst du von Kaspar oder Melchior?«

»Hör mit den Heiligen Drei Königen auf!«, sagte Klaus. »Da
bin ich schon eher für einen richtigen deutschen Vornamen.
Fridolin oder Ludolf oder Wendelin oder Othmar.«

»Grässlich!«, erklärte Isolde. »Wenn der Junge je in ein anderes Land kommt, nach Amerika oder nach Grönland, kann
kein Mensch diese Namen aussprechen. Wenn schon deutsch,
dann bitte international! Was hältst du von Benedikt oder Jonathan?«

»Benedikt ist Latein, und Jonathan ist irgendwie biblisch.
Deutsch wäre Dietrich oder Hartmut. Aber es wird ohnehin ein
Mädchen.«

»Wenn es ein Mädchen wird, bin ich für Brigitte oder Gudrun oder schlimmstenfalls Luise.«

»Ach, Mädchen dürfen deutsche Namen haben?«, höhnte
Klaus. »Und warum, wenn ich fragen darf?«

»Oder Irma oder Hildegard.«

»Gefällt mir alles nicht. Da bin ich für Kitty oder Veronika
oder Angelika oder –«

»Wir sollten uns scheiden lassen, bevor das Kind kommt«, sagte Isolde.

»Meinst du?«

Gewaltsam beendete Anfänge

Mein letzter Wille ist –

Liebe Mutti,

Du weißt es und ich weiß es. Mein Bruder hasst mich. Aber was Du nicht weißt: Er besitzt einen Revolver.

Du musst Dir aber trotzdem keine Sorgen machen, heute Abend kommt er mich besuchen, und da wollen wir uns versöhnen.

Lieber Edwin,

morgen wirst Du endlich da sein. Ich freue mich auf Dich. Die
Wohnung ist perfekt geworden, alles an seinem Platz, Wasser,
Licht, Heizung, Gas, Telefon, alles funktioniert, nur die Alarm-
anlage wird erst morgen installiert.

Anfang eines Nachworts

Es soll ja Menschen geben, die wissen wollen, was über den Anfang hinausgeht. Es ist nicht fair, sagen sie, einen Kriminalroman anzufangen, und dann erfährt man nicht, wer der Mörder war, uns mit einem Familienroman den Mund wässrig zu machen, und dann weiß man nicht, wer verliebt war, wer verlassen wurde, wer gestorben ist. Wir wollen wissen, wie diese Anfänge enden.

Dem kann ich, als Autor, schwer widersprechen. Das heißt, ich könnte schon widersprechen, aber ich kann mir nicht leisten, meine Leser zu enttäuschen, es sind wenige genug. Also fange ich mit dem Kriminalroman an, der könnte folgendes Ende haben:

Privatdetektiv Merkbruder runzelte die Stirn. »Einen Moment, Herr Inspektor!«, rief er. »Bevor Sie mich verhaften, erlauben Sie mir, ein kurzes Abschiedswort an die Anwesenden zu richten. Da sitzt doch die greise Mutter des Ermordeten, neben ihr sein Bruder, ferner seine Cousine Regine Tottenwerfer mit ihrem Mann Emil Tottenwerfer, nicht zu vergessen seine geschiedene Frau Marcella Wartenstein und ihr Ehegatte Mustafa, der ihren Familiennamen angenommen hat, ferner der Privatsekretär des Ermordeten, Herr Doktor Felix Wolf, sowie sein bester Freund Walter Schurik, Professor der Anthropologie. Die haben doch ein Recht zu erfahren, wer Peter Hofböck ermordet hat, denn ich war es nicht. Liebe Anwesende, ich gebe zu, vor ein paar Wochen habe ich einen anonymen Brief bekommen, der mich beauftragte, Peter Hofböck zu töten, gegen ein Honorar, versteht sich. Ich gebe auch zu, dass ich bereit war, diesen Auftrag auszuführen, obwohl Peter mein Freund war. Aber als ich seine Wohnung betrat, war er bereits tot.«

Ein unwirsches Gemurmel erhob sich: »Das haben wir schon gehört, eine dumme Ausrede, wer sonst soll es getan haben –«

Merkbruder ignorierte es und fuhr fort:»Wenn ich also den Rest meines Lebens nicht in einer Zelle zubringen wollte, musste ich seinen Mörder finden. Nachdem nun die Polizei seinen Leichnam entfernt und die Wohnung oberflächlich durchsucht hatte, verschaffte ich mir Zugang und stöberte selbst in der Wohnung herum. Dabei machte ich eine hochinteressante Entdeckung: Der ermordete Peter Hofböck war schwul.«

Wieder erhob sich Gemurmel, aber Merkbruder wehrte es ab.»Natürlich war er schwul«, wiederholte er,»und Herr Walter Schurik war einer seiner Freunde.«

Schurik erhob sich und schrie:»Blödsinn! Herr Inspektor, ich fordere Sie auf, diesen Mann zu verhaften. Er fantasiert. Er versucht, sich reinzuwaschen, er –«

»Beruhigen Sie sich!«, unterbrach ihn Merkbruder.»Ich weiß, Sie haben ihn nicht ermordet, und Ihr Privatleben mit Hofböck geht mich nichts an.«

»Dann lassen Sie mich aus dem Spiel!«, rief Schurik und setzte sich.

»Verehrte Anwesende, ich will es kurz machen«, fuhr Merkbruder fort,»Wie Sie vielleicht wissen, gibt es ein Nachtlokal auf der Ebertstraße, in dem sich homosexuelle Männer und Frauen gerne treffen und Ideen austauschen. Der Polizei ist dieses Lokal hinlänglich bekannt. Peter Hofböck war Stammgast dort, aber er kam nie allein, sondern immer mit einem Mann, offensichtlich sein Freund, einem gewissen Eberhard Sussmann. Und das Seltsame war: Nach Peters Ermordung wurde Sussmann dort nie wieder gesehen. Natürlich machte ich mich sofort auf die Suche nach ihm und erlebte die zweite Überraschung: Auch Sussmann war ermordet worden, und zwar zwei Tage vor Peter Hofböck.«

»Was wollen Sie damit sagen?«, rief der Polizeiinspektor.

»Sie haben ihn nicht ermordet, sein Freund hat ihn nicht ermordet, worauf wollen Sie hinaus?«

»Geduld!«, erwiderte Merkbruder. »Jetzt kommt die nächste Überraschung: In diesem Schwulenlokal in der Ebertstraße verkehrte nämlich auch eine Frau, die nicht homosexuell war. Im Gegenteil, sie war verliebt in Peter Hofböck und versuchte immer wieder, ihn aus diesem Milieu herauszuholen. Allen, die es hören wollten, erzählte sie, Peter Hofböck sei verliebt in sie gewesen, bis er gewaltsam umgebogen worden war, und jetzt müsse man ihn in sein wahres heterosexuelles Leben zurückholen. Natürlich lachte man sie gründlich aus, aber sie ließ nicht locker, bis sie eines Tages plötzlich genug hatte und beschloss, sich zu rächen. Und nun kommt wieder eine Überraschung: Erstaunlicherweise fand sie bald jemanden, der bereit war, Hofböck zu töten – nicht für Geld, wie ich, sondern weil dieser Mörder in sie verliebt war und sie ihm versprochen hatte, wenn er Hofböck töten würde, würde sie mit ihm nach Südamerika fliehen und ein neues Leben beginnen. Natürlich dachte sie nicht daran, dieses Versprechen einzuhalten, denn sie war verheiratet, zwar nicht glücklich, aber immerhin. Doch diese Demütigung im Schwulenlokal konnte sie nicht länger hinnehmen. Tja, und wer war der Mann, der sowohl Peter Hofböck wie auch Eberhard Sussmann aus Liebe zu dieser Frau umbrachte? Wer war es, der auch das Geld stahl, das Hofböck in seiner eisernen Kasse aufbewahrt hatte, um die Flucht nach Südamerika zu finanzieren? Sie wissen es nicht? Es ist doch leicht. Es war natürlich der Mann, der den Schlüssel zu dieser Kasse hatte, Peter Hofböcks Privatsekretär Felix Wolf.«

Nun sprang Wolf auf. »Diese Verleumdung lasse ich mir nicht gefallen!«, brüllte er. »Erzählen Sie Ihre Lügen anderswo, Herr Detektiv! Ich habe genug!« Und er rannte aus dem Zimmer.

»Ihm nach!«, rief Merkbruder, und auf einen Wink des Inspektors lief sofort einer der Polizisten dem Fliehenden nach.

»Der kommt nicht weit«, meinte der Inspektor, »aber ich verstehe nicht, warum er den Verdacht unnötig erhärtet, denn mehr als ein Verdacht ist es doch nicht. Wenn er hiergeblieben wäre –«

»Es ist kein Verdacht«, sagte Merkbruder, »es ist eine Tatsache, und jetzt versucht er zu flüchten. Aber ich frage Sie: Wer war die Frau, die ihn zu diesen Morden anstiftete?«

»Ja!«, schrie Regine Tottenwerfer und sprang auf. »Ja, ich habe ihn geliebt, und er hat mich geliebt und dann –« Weinend brach sie zusammen, und da war auch schon der Inspektor bei ihr und legte ihr Handschellen an. »Gut haben Sie das gemacht, Merkbruder«, sagte er, »ich habe ja immer gewusst, dass ich mich auf Sie verlassen kann.«

»Aber von jetzt an nicht mehr«, schmunzelte Merkbruder, »Sie haben Ihre Mörder, und ich gehe endlich in Pension.«

So könnte das Ende des Kriminalromans aussehen. Die Mitte müsste der Leser allerdings selbst ausfüllen, denn ich arbeite immer so: Erst der Anfang, dann der Schluss, zuletzt die Mitte.

Jetzt nehme ich mir einmal den Familienroman vor. Da ist das Ende einfacher und kürzer, da muss ich mir keinen Mörder ausdenken, keine logischen Rückschlüsse ziehen, muss nicht Detektiv spielen. Der Familienroman könnte so enden:

»Du warst also die ganze Zeit in Katharina verliebt«, sagte Onkel Herbert.

Knut nickte verlegen.

»Dann ist ja alles in Ordnung«, strahlte der Onkel, »denn jetzt kann ich dir feierlich mitteilen, dass Katharina ganz verrückt nach dir ist. Sie liebt dich. Sie hat es mir gestanden, als – als sie, na ja, vorige Woche, als sie ein bisschen beschwipst war. Und Klara, die immer alles verschoben hat, heiratet David. Wie schade, dass eure Mutter das nicht erleben durfte!«

»Aber ich erlebe es!«, schrie Jonathan. »Und ich kann es beweisen.« Wie der Wind rannte er zum Plattenspieler, und es erklang der Hochzeitsmarsch aus der Oper *Lohengrin*.

Onkel Herbert zündete sich eine Zigarre an und lehnte sich zurück. »Ich hab's ja immer gewusst«, log er.

Jetzt schaue ich mir einmal die Sittenlehre an, die bei dem Pfarrer aus Altötting gefunden wurde. Die könnte so enden:

Abschließend sei noch erwähnt, dass leider auch Mädchen der gebildeteren und wohlhabenderen Klassen sich bisweilen der Prostitution hingeben. Meist ist es so, dass diese Mädchen erst den Beteuerungen eines Verehrers Gehör schenken, der keinerlei Verantwortungsgefühl besitzt. Hat dieser Mann das Mädchen dann schnöde verlassen, sinkt sie von Stufe zu Stufe und endet in der Prostitution. Auch vor diesen Mädchen muss man unsere jungen Männer warnen. Man erkennt solche Weibsbilder oft daran, dass sie zügellos dem Alkohol zusprechen, da sie unter dessen Einfluss ihre Eltern und ihre sittsame Vergangenheit am leichtesten vergessen. Bedenket also, ihr jungen Männer: Wer keusch bleiben will, bleibe nüchtern! Heiratet ein tugendhaftes Weib, zeuget gesunde Kinder und lebt ein Leben, das in eine strahlende deutsche Zukunft führt!

Es ist, wie der geneigte Leser sieht, nicht schwer, lediglich den Anfang solcher Bücher zu lesen, sie dann aus der Hand zu legen und sofort das deutliche Gefühl zu haben, dass man sie von Anfang bis Schluss gelesen hat. Dies ist sogar dringend anzuraten.

Beim absurden Theaterstück ist das noch leichter. Es ist ja absurd, also kann es so enden, wie es begonnen hat:

LOTHAR: Der König hat sich besonnen und hat mit seinem Gefolge abgerechnet. Die Nashörner sind nach Brasilien ausgewichen. Uns bleiben die Sorgen. Aber wer will, kann gehen. Das betrifft natürlich nicht unser Publikum, denn das Publikum ist zum Tod verurteilt. Die Schleusen sind geöffnet, und wir blicken in die Welt hinein. Seht doch, die Welt ist tot, so tot wie die Fliege, die ich gestern leichtsinnigerweise erschlagen habe. Lasset uns beten!
(Ein Butler tritt auf.)
BUTLER: Dinner is served.
(Alle stehen auf und verbeugen sich.)

Das Gedicht, das der Schuhfabrikant an seine Frau richtete, um seinen Seitensprung zu entschuldigen, muss nicht fortgesetzt werden, denke ich. Eher könnte man einen neuen Anfang erfinden, in dem seine Frau Renate dem untreuen Schuhfabrikanten mit einem eigenen Gedicht antwortet:

Mein lieber Ehe- und sonstiger Mann,
jetzt fange auch ich zu dichten an.
Du hast mir genug von Tina erzählt,
hast mich genug mit ihr gequält.

Nun muss auch ich Dir etwas gestehen,
das wirst Du vielleicht nicht gerne sehen.
Du kennst ja Geschäftsleute allerlei,
und einem gefalle ich besonders dabei.

Er ist sehr fesch und ein Mann von Welt
und nicht verheiratet, was mir gefällt.
Jetzt weißt auch Du, woran Du bist,
und kannst sicher erraten, wer es ist.

Kommst Du dann zurück von deinen Schweinereien,
werde ich nicht mehr in der Wohnung sein.
Ich pack meine Sachen noch heute bestimmt,
damit sie nicht Tina oder sonst wer nimmt.

Ich habe genug von Deinen Affären!
Alles Weitere wird Dir mein Anwalt erklären.
Hab keine Sorge, ich will nicht Dein Geld,
ich hab jemand anderen, der treu zu mir hält.

Ich bin nicht so gierig auf Geld wie Du,
für mich ist Liebe –

Das wäre also, genau genommen, kein Ende, sondern der Anfang
eines neuen Anfangs. Wie auch immer: Ich habe meine Pflicht
getan. Weitere Anfänge oder Schlüsse überlasse ich gerne dem
Leser. Ich wollte hier ja nur den Anfang eines Nachworts schreiben, der jederzeit fortgesetzt werden kann. Also lassen Sie Ihren
kreativen Impulsen freien Lauf! Werden Sie Schriftsteller! Am
Anfang macht es Spaß.

Mix
Produktgruppe aus vorbildlich
bewirtschafteten Wäldern, kontrollierten
Herkünften und Recyclingholz oder -fasern
www.fsc.org   Zert.-Nr. SGS-COC-003091
©1996 Forest Stewardship Council

Originalausgabe
1. Auflage 2010
© by Atrium Verlag AG, Zürich, 2010
Alle Rechte vorbehalten
Umschlag: Max Bartholl, b3K Hamburg-Frankfurt a. M.
Umschlagmotiv: © Frank May / dpa
Satz: Greiner & Reichel, Köln
Druck und Bindung: Bercker Graphischer Betrieb, Kevelaer
Printed in Germany 2010
ISBN 978-3-85535-365-1

www.atrium-verlag.com

Achtung: Diese Autobio

»Die Welt ist für mich ein Pulverfass,
das zum Ziel hat, mich zu explodieren.
Aber wozu bin ich dann entstanden?
Vielleicht bin ich ein Spielzeug, das
irgendwann einem neuen Spielzeug
Platz macht. Man sieht ja, wie Rehe,
Mistkäfer oder Nussbäume explodieren
und wie gleich darauf neue Rehe, Mistkäfer und Nussbäume entstehen, die den
alten aufs Haar gleichen. Wir glauben
zwar, dass die neuen Menschen anders
sind als die explodierten, weil sie Eisen-
bahnen oder Computer erfinden, aber
das stimmt offensichtlich nicht.«